JACQUES BOULENGER

L'AFFAIRE SHAKESPEARE

PARIS

LIBRAIRIE ÉDOUARD CHAMPION

5, QUAI MALAQUAIS

1919

JACQUES BOULENGER

L'AFFAIRE
SHAKESPEARE

PARIS
LIBRAIRIE ÉDOUARD CHAMPION
5, QUAI MALAQUAIS
1919

I.

EXPOSÉ.

Il y a une « affaire Shakespeare ». Depuis soixante-dix ans que le consul britannique Jo. C. Hart l'a ouverte, elle a suscité assez de volumes, d'études, d'articles pour emplir une bibliothèque publique. Ce n'est pas une querelle philosophique sur le sens, la valeur, la portée de l'œuvre ; c'est plutôt un problème à la façon d'Edgar Poë : il s'agit de savoir si Shakespeare est ou non l'auteur des ouvrages de Shakespeare. Sherlock Holmes, à défaut de M. Dupin, serait bien utile pour résoudre cette question difficile.

« Comme un fanal, dans la nuit, brille au milieu des airs sans laisser apercevoir ce qui le soutient, a écrit M. Guizot un jour qu'il se trouvait en humeur de poésie, de même l'esprit de Shakespeare nous apparaît dans ses œuvres isolé, pour ainsi dire, de sa personne. » Comprenez que tout ce que nous pouvons imaginer du poète d'après son œuvre, non seulement ne concorde pas avec ce que nous savons de l'homme qu'il fut, mais s'y oppose parfaitement. « La chronique, constate Emerson, nous apprend quels furent sa parenté, sa naissance, son lieu de naissance, son éducation, ses camarades, l'argent qu'il a gagné, son mariage, la publication de ses livres, sa célébrité, sa mort, et quand nous sommes au bout de ce commérage, aucun rapport n'apparaît entre tout cela et ce fils de la déesse : si nous avions plongé dans le Plutarque moderne et si nous avions lu n'importe quelle autre vie, il semble qu'elle se rapporterait aussi bien aux poèmes. »

Bref, la contrariété de cette vie et de l'œuvre est telle qu'il paraît, au premier abord, aussi impossible d'admettre que ce plat Shakespeare soit l'auteur du théâtre que de supposer, en dépit de la tradition, qu'il ne l'est pas. Je m'efforcerai de l'exposer en termes modérés parce que l'on éprouve fortement, quand on vient de lire certains ouvrages « baconiens » ou « rutlandiens », que l'antithèse est une forme de rhétorique que peu de personnes ont su manier avec agrément en dehors de Victor Hugo.

Pour connaître la vie de William Shakespeare, il ne suffit pas de lire d'un œil distrait ses biographies, il faut les étudier de près. Quand on achève l'ouvrage classique de M. Sidney Lee, par exemple — qui est le principal champion de l'opinion traditionnelle et, si l'on peut dire, le pape des « stratfordiens » — on en garde l'impression que cet écrivain dont il parle est en somme assez connu, et l'on craint, malgré qu'on en ait, d'être bien audacieux en osant douter de l'identité de l'acteur Shakespeare et de l'auteur du théâtre shakespearien. Pourtant, à y regarder de près, il y a bien les deux tiers des phrases, dans l'ouvrage de M. Lee, qui contiennent un *il me semble possible que*, ou un *sans doute*, ou un *il est permis de supposer que*, ou un *probablement*, ou quelque formule analogue. C'est que M. Lee est un historien plein de probité et qu'il est incapable de dissimuler que ce qu'il nous dit de son héros est fort loin d'être certain. Nous savons où et quand Shakespeare est né, à qui il s'est marié, à quelle date il est mort, et nous connaissons un certain nombre de ses achats de terre et de ses placements d'argent, bref ce que peuvent apprendre sur la vie d'un homme des pièces d'archives. Nous voyons d'autre part qu'il a paru des pièces et des poèmes sous son nom, qui ont été goûtés et dont l'auteur a été loué. Mais de son caractère, de ses opinions intimes, de sa conversation, de son tempérament, de ses habitudes, de sa figure et de son aspect physique, nous ignorons tout pour cette raison qu'aucun de ses contemporains n'a pris la peine d'en souffler un mot. C'est ainsi. Et il faut avouer que c'est surprenant.

Car un homme qui, en moins de vingt ans, a donné trente-sept pièces incomparables (Racine en toute sa vie n'en a fait que douze), plus trois volumes de poèmes ; qui, tout en produisant cette œuvre immense par la qualité, mais aussi par la quantité, n'a pourtant pas cessé de jouer à Londres ou de voyager en compagnie de sa troupe, ni même de s'occuper de ses affaires personnelles avec une assiduité et une habileté extrêmes ; l'homme qui, outre cette merveilleuse fécondité, cette activité et ce « sens pratique », a eu cette grande intelligence, cette culture livresque, cette expérience du monde, cet esprit et cette imagination, ne croyez-vous pas que ce devait être un causeur merveilleux, une nature attachante ou repoussante, mais non pas indifférente, et qui ne pouvait sembler sans intérêt à ceux qui l'approchaient ? Eh bien, il nous est resté quelques brèves appréciations contemporaines de ses œuvres (fort peu), mais aucun d'eux n'a pris la peine de dire un mot de sa personne. Ah ! pourtant un certain Greene parle de son « cœur de tigre », Manningham note en six lignes de son journal comment il aurait joué un bon tour à l'acteur Burbage en le devançant auprès d'une maîtresse (anecdote toute conventionnelle, historiette de fabliau) ; enfin Ben Jonson nous assure (dans un ouvrage publié en 1641, dix-huit ans après la mort de Shakespeare) que celui-ci, dont il avait assez déprécié l'œuvre durant sa vie, était « honnête et d'une nature ouverte et franche », et c'est absolument tout ce que les contemporains nous apprennent sur l'homme du vivant de celui-ci. Henslowe et Richard Allen font sur lui un silence inexplicable. « Dans les innombrables pièces liminaires que les poètes demandaient à leurs amis lorsqu'ils risquaient l'impression d'un livre, son nom ne se rencontre pas une seule fois. Réciproquement (constate M. Jusserand qui est « stratfordien » convaincu), il ne demanda rien quand il publia ses deux poèmes. Lorsqu'Élisabeth mourut, le chœur des écrivains d'une voix unanime pleura sa mort. Il fit encore bande à part et ne dit rien. » Enfin, quand il trépassa à son tour, cet auteur célèbre, pas une seule voix ne déplora sa perte, contrairement aux usages du temps, alors que la mort de Jonson, par exemple, suscita trente-trois éloges funèbres des poètes contemporains. Et tout cela n'est pas aussi naturel que M. Sidney Lee le veut dire.

Les historiens sont ingénieux, les historiens ont mille moyens de suppléer à ce qu'ils ne savent pas. Ils ont d'abord l'analogie : c'est ainsi qu'ils ont pu composer des volumes sur l'éducation que reçut le jeune Shakespeare à l'école de Stratford, bien qu'ils en ignorent tout ; mais ils ont relevé ce qu'on étudiait dans les écoles voisines. Ils ont encore l'induction (Shakespeare a dû aller dans tel pays, il faut bien qu'il ait connu telle chose, puisque dans une de ses pièces il dit ceci ou cela), mais, de notre point de vue, ce sont là autant de pétitions de principe. Ils ont les suppositions, et ils ont surtout les « traditions ». Quel rôle elles jouent dans la biographie de Shakespeare, les « traditions » ! Pourtant, aux très rares occasions qui se sont présentées d'en vérifier quelque partie, celle-ci s'est trouvée fausse. « C'est un procédé dangereux, qui n'a presque jamais donné de bons résultats, que celui qui consiste à conserver d'un récit, dont rien d'ailleurs n'atteste l'authenticité et où il y a des erreurs manifestes, ce qui n'est pas absolument démontré faux », disait Gaston Paris. En bonne critique historique, il n'y a qu'à écarter purement et simplement les traditions. Ceux qui ont étudié chez nous la vie de Rabelais, par exemple, savent qu'il ne nous est pas resté de lui une tradition, pas une seule, qui ne soit le contraire de la vérité.

Si l'on voulait se faire une idée de Shakespeare d'après les seuls documents certains, voici en résumé ce qu'on en pourrait penser.

Il naît en 1564 à Stratford, de John Shakespeare, qui exerçait plusieurs petits métiers dans son village, et de Mary Arden, fille d'un fermier. Il épouse, en novembre 1582, une paysanne qu'il avait séduite, nommée Anne Hathaway. Son premier enfant, Suzanne, naît six mois plus tard et deux jumeaux, Hamnet et Judith, en 1585. Un acte le mentionne encore à Stratford en avril 1587, puis il quitte le pays, délaissant sa femme et ses trois enfants, et l'on ne sait plus du tout ce qu'il devient jusqu'en 1591 ou 1592, que Greene le cite comme « factotum » et versificateur. À la Noël de 1594, il joue devant la reine au palais de Greenwich, en 1598 il tient un rôle dans *Every man in his humour* de Jonson, puis en 1605 dans *Sejan*. Cependant se déroule la longue et exquise théorie de ses pièces ; on les joue ; on en publie un bon nombre, anonymement d'abord, sous son nom ensuite, sans son consentement probablement, dans des éditions presque toujours grossièrement fautives, où elles sont plus ou moins massacrées, et cela lui est complètement égal. C'est qu'il s'occupe de choses infiniment plus intéressantes pour lui que ces futilités d'art et de littérature : il économise, il place son argent, il surveille ses rentrées, il fait fortune en homme d'affaires de première force, en paysan avisé, madré, impitoyable, et il s'en va de temps en temps jouir de sa nouvelle importance dans sa bourgade natale où il a maintenant de bonnes terres et pignon sur rue, ce qui ne l'empêche pas de cingler et de railler cruellement dans *Hamlet* ces avares acheteurs de terres. D'ailleurs il ne fait pas bon devoir de l'argent à cet autre Shylock : il poursuit sans pitié un de ses amis d'enfance qui s'était porté caution d'un de ses débiteurs en fuite ; et tout cela se passe entre 1597 et 1610, dans le moment qu'il écrit *Hamlet, Troïlus et Cressida, Othello, Macbeth, la Tempête*, etc. En 1611, enfin, à quarante-sept ans, il « juge le moment venu de réaliser le rêve de toute sa vie », comme dit M. Jusserand : il quitte son métier de poète et se retire dans sa bourgade, où il vit en campagnard propriétaire cossu, arrondit ses biens, fait rentrer ses créances, fréquente son ami intime l'usurier Combe, surnommé *Dix-pour-cent*, et meurt en 1616, laissant deux filles, dont ni l'une ni l'autre ne sait écrire. Son testament ne contient pas la plus petite clause concernant son œuvre et montre qu'il n'avait pas un soupçon de bibliothèque, pas un seul livre dans sa maison.

Est-ce là l'homme dont Emerson écrit dans son *Journal intime* : « Rêvé longtemps à la grande âme dont les signes authentiques éclataient à ma vue dans la lumière large et continue de ses poèmes... Quelle vraie hauteur ! Un gentleman dans l'âme ; par-dessus tout une intelligence en exaltation ? » Est-ce là ce profond penseur, cette intelligence si vaste et si cultivée, cette imagination ailée, ce poète non pareil ? Voilà la grande question à laquelle tous les hérétiques de la foi « stratfordienne » se répondent intérieurement : *non*. Combien miraculeux, pensent-ils, serait un tel cas, combien unique dans l'histoire de toutes les littératures !... Je ne développerai pas ce thème car il n'est nouveau que pour ceux qui connaissent mal Shakespeare (ils sont légion en France), et qui n'avaient jamais imaginé l'homme qui écrivait *Comme il vous plaira* ayant l'âme d'un paysan usurier et posant sa plume pour aller poursuivre un débiteur. Jamais certains esprits n'admettront que le *manager* Shakespeare de Stratford soit l'auteur de *Hamlet*, du *Songe d'une nuit d'été* et du *Juif de Venise*. Ceux-là doutent d'abord. — Mais leurs adversaires répondent que tout est possible, et réclament d'autres arguments.

Alors les hérétiques leur demandent comment ils peuvent concevoir l'indifférence inouïe que Shakespeare fit paraître à ses propres ouvrages. Qu'il n'ait pas songé une seconde, durant ses loisirs de Stratford, à préparer une édition complète et correcte de ses œuvres, qu'il ne se soit jamais soucié, à

aucun moment de sa vie, de publier une seule de ses pièces, c'est un peu dé-
concertant, mais qu'il les ait laissé paraître mutilées souvent, incompréhen-
sibles par endroits, défigurées par des additions absurdes, telles enfin qu'on
avait pu les reconstituer en corrompant tel ou tel acteur pour qu'il communi-
quât son rôle ou en notant au vol les répliques à la représentation, cela paraît
presque inouï. Tout est possible psychologiquement, certes. Mais si même le
poète avait cette indifférence surhumaine pour son œuvre, comment
l'homme d'affaires si âpre s'est-il laissé piller sans un mot de protestation
contre les pirates ?

Et trouvez-vous d'autre part, continuent les hérétiques, que les drames de
Shakespeare sont de ces œuvres qui ne sauraient prendre toute leur beauté
que sur la scène ? Charles Lamb les regardait comme beaucoup plus propres
à la lecture ; à son goût les meilleurs sont ceux qui n'ont pas été joués. Sans
aller jusque-là, on peut bien se demander ce que le théâtre shakespearien,
avec tant de répliques où l'intonation, le geste n'ont rien à faire, a jamais pu
gagner à la représentation… Ce n'est certes pas la question qu'il soit le plus
commun de se poser. M. Jusserand, dont il faut souvent citer l'*Histoire littéraire du peuple anglais*, un des plus beaux livres d'histoire qui soient, consi-
dère avec la plupart des critiques les pièces shakespeariennes comme essen-
tiellement populaires. *Peines d'amour perdues, le Songe d'une nuit d'été,
Comme il vous plaira, Hamlet* lui semblent avoir été composés spécialement
pour le peuple inculte et grossier qui emplissait le parterre… N'est-ce pas là
du théâtre pour les gens raffinés, pour la Muse, au contraire ? En Angleterre,
le *Songe* n'a pu être repris que bien rarement depuis 1673 et a toujours fait le
« four » le plus complet : le public du XVIe siècle était donc bien supérieur à
ceux qu'on a vus depuis, — ce public mangeant, buvant, se querellant qu'on
a si souvent décrit ? Rappelez-vous avec quel mépris le prince de Danemark
lui-même traite ces gens du parterre, « incapables pour la plupart de rien
comprendre »…

Mais laissons ces questions de goût et d'opinion qui sont infiniment dis-
cutables, et considérons seulement ce fait que plusieurs drames de Shakespeare semblent n'avoir jamais été joués et que certainement quelques autres
ne l'ont été qu'après remaniement et adaptation ; les stratfordiens les plus orthodoxes admettent cela unanimement. C'est faire la part belle aux hérétiques. Quoi ! l'acteur Shakespeare, homme de théâtre avant tout, comme on

nous le montre, pratique, intéressé, terre à terre, ne travaillant que pour le profit immédiat, ne cherchant qu'à plaire au public, aurait composé ses pièces de telle façon qu'elles ne pussent être représentées qu'après transformation ? Il aurait écrit des pièces injouables ? Imagine-t-on Molière forcé d'« adapter » le *Bourgeois gentilhomme* et le *Malade imaginaire* pour les rendre jouables ? Si le théâtre shakespearien comprend des pièces « impossibles », affirment les hérétiques, c'est qu'elles ne sont pas de Shakespeare.

On a publié en 1916 un magnifique ouvrage, composé par les meilleurs érudits britanniques : *l'Angleterre de Shakespeare (Shakespeare's England)*. On y voit que l'auteur connaissait fort bien le blason, la chasse, la fauconnerie, l'escrime, l'art militaire, l'équitation, tous les plaisirs aristocratiques, et qu'il aimait de passion la musique. Soit : qu'est-ce qu'une pareille imagination ne saurait deviner et recréer ? Mais il connaissait encore le langage du droit, non point vaguement, mais comme un juriste de profession ; il était parfaitement au fait des sciences occultes ; il lisait le latin, l'italien, l'espagnol, et savait le français jusque dans ses finesses, étant capable de faire des jeux de mots dans notre langue ; son anglais enfin est miraculeux ; selon Max Muller, un paysan britannique utilise environ cinq cent mots, un homme qui a fait des études universitaires trois à quatre mille, Thackeray en emploie cinq mille, Milton sept mille, mais on en compte quinze mille dans Shakespeare. Et tout cela témoigne d'une vaste culture ; et ce sont des connaissances livresques que l'imagination la plus créatrice ne saurait inventer, bref qui sont d'un autre ordre que celles que j'énumérais plus haut.

Où donc William Shakespeare aurait-il acquis tant de science ? demandent les sceptiques. Sa mère signait d'une croix, son père ne savait pas écrire et ses deux filles furent illettrées. À Stratford, treize membres du conseil municipal, sur dix-neuf, ne savaient apparemment point lire. La *grammar school* de Stratford n'était pas des meilleures, puisqu'il ne s'y trouvait qu'un seul maître pour toutes les classes, et Shakespeare n'y demeura que cinq ou six ans, moins que la durée normale. C'est après avoir quitté son village, en 1585, ou plus vraisemblablement en 1587 (puisqu'à cette date il y est encore cité dans un acte), que ce jeune paysan, qui n'aimait pas les livres[2], dut acquérir tout ce bagage, donc en cinq ou en trois ans, car *Peines d'amour perdues*, sa première comédie, a été composée au plus tard en 1590.

À peine serait-ce concevable d'un étudiant riche, et ayant tout le loisir de travailler, et merveilleusement doué.

Mais Shakespeare, dont le père était criblé de dettes, la « tradition » veut qu'il ait commencé par garder les montures des gens qui venaient à cheval au théâtre et par être valet d'acteurs ou quelque chose d'approchant, et le sens commun le veut également. De sorte qu'on voit mal comment il aurait eu le temps et les moyens de faire de si complètes humanités.

Il ne faut pas juger les choses du passé de notre point de vue. À la fin du XVIe siècle, un rural différait beaucoup plus qu'aujourd'hui d'un citadin et surtout d'un noble par les mœurs, les façons, le langage. Et Shakespeare, arrivant de sa campagne ou peu s'en faut, aurait débuté par une comédie comme *Peines d'amour perdues*, « mondaine » entre toutes, plus *euphuiste* qu'*Euphuès*, et qui distingue si finement l'emphase espagnole, le gongorisme avant Gongora, de la préciosité anglaise ? Pour expliquer qu'il ait pu tirer sa seconde pièce, *les Deux gentilshommes de Vérone*, de la *Diane* de Montemayor dont la première traduction anglaise n'a paru qu'en 1598, M. Sidney Lee expose que, *possibly*, la traduction circulait manuscrite ; il *suppose* encore qu'une pièce aujourd'hui perdue en était une adaptation que Shakespeare adapta à son tour. Pour expliquer qu'il ait imité les *Mènechmes* dans sa *Comédie des Erreurs*, quand la première traduction anglaise de Plaute est de 1595, M. Lee *suppose* qu'il connaissait les *Mènechmes* à travers une autre pièce perdue ; et ainsi de suite quant aux sources. Pour expliquer que Shakespeare ait su le français, on rappelle (mais sans conviction) qu'une *tradition* le montre logeant chez un coiffeur français. Pour expliquer qu'il ait si bien connu le langage judiciaire, dont les tours reviennent constamment sous sa plume, il faut invoquer une autre *tradition* selon laquelle il aurait été clerc chez un homme de loi, etc. La dédicace de *Vénus et Adonis* au comte de Southampton, M. Lee la juge conçue « dans les termes ordinaires de soumission et de déférence » ; relisez-la pourtant, puis celle de *Lucrèce*, et dites, en vous souvenant de celles des écrivains de ce temps, si un histrion, et peu connu encore, aurait pu s'adresser sur ce ton à un très grand seigneur. Les allusions assez hardies à Élisabeth, qu'on relève dans *Richard II* et dans *Jules César*, aucun stratfordien ne s'en étonne. Enfin, que *la Tempête* loue et vante comme bienfaisante la magie, au moment même que le roi Jacques Ier, auteur d'un livre contre la démonologie, rendait des édits rigoureux contre les adeptes des sciences occultes, on ne l'a jamais expliqué, et pour cause, ne l'ayant jamais remarqué.

Chateaubriand n'est pas moins génial parce qu'il était hâbleur, ni Sainte-Beuve parce qu'ayant la plus admirable des intelligences, il n'avait pas un beau caractère. Imaginer le génie comme un don de Dieu, ou des dieux, ou des fées, comme un rayon divin qui puisse tomber sur un être par ailleurs assez médiocre, c'est une idée qui a de la beauté (c'est pourquoi il m'a toujours paru que c'était un des pires lieux communs que de protester au nom de la poésie contre les « biographes indiscrets » des grands hommes). Mais être plat comme Shakespeare et avoir le génie de Shakespeare, il faut avouer que c'est un cas plus étonnant que celui de Sainte-Beuve. Il y a un certain mystère dans la question shakespearienne : si vous le reconnaissez, c'est assez pour autoriser les recherches des sceptiques. Les stratfordiens ne l'avouent point, et l'on se demande si ce n'est pas pour un motif aussi sentimental que la plupart des raisons de leurs adversaires : l'idée de cette grande erreur de plusieurs siècles leur semble trop romanesque. Ce William Shakespeare qui a toujours été célébré comme l'auteur de cette œuvre prodigieuse ne serait qu'un prête-nom, qu'un homme de paille ? Quelle *invraisemblance !* Des choses pareilles ne peuvent arriver... Elles le peuvent. La vie humaine est très souvent invraisemblable (c'est pourquoi les classiques jugeaient qu'elle n'est pas toujours « matière d'art »). Le romancier qui conterait, en changeant seulement les noms, ce que nous avons vu depuis une vingtaine d'années, l'affaire Crawford ou d'autres, plus récentes, passerait pour un roman-feuilletoniste. Et combien la vie devait être plus « romanesque » encore en un temps où les individus n'étaient pas classés, étiquetés, catalogués sur l'état civil, comme ils le sont à présent ! Qu'un homme ait pu écrire sous le nom de Shakespeare, cela n'étonne que parce qu'il s'agit d'une œuvre géniale ; on ne le trouverait pas très surprenant si Shakespeare n'avait eu que du talent. Comment, se dit-on, cet homme, ne l'aurait-on pas reconnu à son rayonnement d'esprit, à son auréole ? Mais songez que, justement, l'acteur Shakespeare offrait si peu d'intérêt que nul de ses contemporains ne lui a seulement prêté attention ; et vous avouerez qu'il n'est pas absurde de penser que, *peut-être*, l'immortel théâtre n'est pas de lui.

Beaucoup de gens doutent à cette heure et il semble même que le scepticisme gagne du terrain en Angleterre (mais la question d'autorité n'a rien à voir en de telles matières). Quoi qu'il en soit, ce scepticisme a fait faire beaucoup de progrès aux études shakespeariennes ; on a examiné, pesé, apprécié, goûté l'œuvre de plus près et renouvelé presque entièrement la biographie et le commentaire. De sages personnages se contentent de cet agnosticisme. Mais d'autres ont proposé des solutions.

L'auteur du théâtre shakespearien est Bacon, assure une nombreuse école. Bacon a voyagé en France : cela explique que les pièces dénotent la pratique de notre langue et la connaissance de notre pays. Si elles emploient couramment tant de termes de droit et d'expressions juridiques, n'en soyons pas surpris de la part de ce juriste. Rien que de naturel à ce que la première édition complète in-folio des pièces ait paru en 1623 : Bacon, qui jugeait qu'un écrivain doit sans cesse remettre ses ouvrages sur le métier, employa ses dernières années, après sa disgrâce, à publier la *Nouvelle Atlantide* et le *Novum Organum*… Il faudrait toute une étude pour résumer les arguments des « baconiens ». Mais, sans prétendre réfuter en quelques lignes plusieurs centaines de volumes, il est permis de constater qu'il y a, entre la vie et la psychologie de cet homme de loi et l'œuvre shakespearienne, le même désaccord que nous relevions au sujet de l'acteur Shakespeare. Et comment le chancelier aurait-il trouvé le loisir, écrasé par ailleurs de travail comme il le fut, de composer ces trente-sept ou trente-huit pièces et ces trois volumes de poésies ? Enfin, il a laissé une traduction en vers de plusieurs psaumes… Non, ce n'est point Bacon qui a écrit les poèmes shakespeariens.

C'est Roger Manners, V^e comte de Rutland, dit M. Célestin Demblon, député de Liége et professeur à l'Université nouvelle de Bruxelles, et rien, en effet, ne s'opposerait *a priori* à ce que lord Rutland put être supposé l'auteur du théâtre de Shakespeare si lord Rutland était né quelques années plus tôt. Malheureusement, il est venu au monde en 1576 seulement, si bien qu'il nous faudrait admettre qu'à dix-sept ou dix-huit ans, vers 1594, il a pu être l'auteur de *Peines d'amour perdues*, de la *Comédie des Erreurs*, des *Deux gentilshommes de Vérone*, des trois tragédies de *Henri VI*, de *Richard III*, du *Roi Jean*, de *Titus Andronicus*, de *Vénus et Adonis* et de *Lucrèce* ; c'est vraiment trop pour un seul jeune homme. D'ailleurs, quand même l'hypothèse de M. Demblon serait possible, elle ne serait pas nécessaire, car le fait sur lequel il la fonde semble plutôt la combattre.

Il a découvert que lord Rutland était intervenu pour faire réussir une demande d'armoiries que fit Shakespeare. Puis il a trouvé dans les comptes de la maison Rutland une mention ainsi conçue, datée du début de 1613 :

« *Item* du 31 mars à Mr Shakespeare, en or, pour la devise de Monseigneur, 44 shillings ; à Richard Burbage pour peinture et exécution d'icelle, en or, 44 shillings. [*Au total :*] 4 livres, 8 shillings. »

Cela signifie qu'un an après la mort de Roger Manners, son frère, devenu le VIe comte de Rutland, demanda à Shakespeare et au célèbre acteur Burbage, qui était peintre amateur, de lui composer une « devise » : une figure symbolique accompagnée d'une légende, destinée à orner son écu pour une joute chevaleresque qu'on donnait à la cour. Si cela démontre quelque chose, c'est que Shakespeare était capable de composer une devise, et l'on ne voit pas très bien tout d'abord quel argument M. Demblon peut tirer de là. Cette mention n'est pourtant rien de moins à ses yeux que le « *fiat lux* de la Genèse », voici comment : pour lui, si le frère de Rutland a chargé Shakespeare de ce travail, c'est que celui-ci était tout désigné pour cela par l'emploi qu'il avait eu auprès de Roger Manners ; il était naturel que le nouveau lord Rutland s'adressât pour ce « service semi-professionnel » à l'homme de paille de son frère. M. Demblon a beaucoup d'imagination.

Il en faut aux savants, et M. Abel Lefranc, professeur au Collège de France, auteur de belles découvertes sur Rabelais, comme sur Marot ou Molière, n'en manque pas. Je gagerais qu'il a toujours aperçu d'abord par intuition ce qu'il a démontré ensuite. On sent qu'il n'est pas de ces gens dont parle Rémy de Gourmont, pour qui le mol *océan*, par exemple, n'est qu'un peu de noir sur du blanc. C'est parce qu'il imagine réellement les écrivains d'autrefois dans leur cadre et leur milieu, parce qu'il n'étudie pas leurs œuvres sans en voir en pensée les scènes et les personnages, qu'il a pu dégager le petit canevas de réalité sur lequel Rabelais, par exemple, a brodé son *Pantagruel* et son *Gargantua*. À son tour, il apporte une solution à l' « affaire Shakespeare ». Pour lui, ce n'est ni Bacon, ni Rutland, ni Southampton qui a composé l'immortel théâtre : c'est un grand seigneur toutefois (et il est frappant que l'œuvre appelle si nécessairement cette idée), c'est William Stanley, VIe comte de Derby.

William Stanley, second fils de Henry, IVe comte de Derby, et de Marguerite de Clifford, né à Londres en 1561, fut immatriculé à St John's Collège, à Oxford, en 1572. À vingt et un ans, il partit pour un long voyage sur le continent, sous la garde de son gouverneur nommé Richard Lloyd. Il arriva à Paris le 27 juillet 1582 et fut fort bien accueilli à la cour de Henri III, puis il visita les bords de la Loire, Orléans, Blois, Tours, Saumur, Angers, voilà ce qui est certain. Il l'est aussi qu'il parlait très bien le français : quarante-cinq ans plus tard, sa belle-fille Charlotte le constatait dans une lettre à madame de la Trémoïlle, sa mère. Après notre pays, il en parcourut plusieurs autres, probablement l'Espagne, l'Italie, les lieux saints, Constantinople et la Pologne. Et ces voyages durèrent environ cinq ans.

En 1587, il était de retour dans sa patrie. Les Derby étaient alors, de toutes les grandes familles anglaises, celle qui s'intéressait davantage aux choses du théâtre. Leurs châteaux virent plus de représentations théâtrales que toutes les autres demeures seigneuriales. En ce temps-là, la loi regardait les acteurs comme des vagabonds, à moins que leur troupe n'eût obtenu de quelque grand seigneur le privilège de porter son nom, moyennant quoi elle était considérée comme faisant partie de sa maison. Ce n'était guère là qu'une fiction légale qui n'empêchait pas les troupes comiques de jouer dans toutes les villes qu'il leur plaisait, pas plus que cela n'empêchait leurs protecteurs d'appeler chez eux d'autres compagnies que celles qui se réclamaient d'eux. Non seulement le comte de Derby, mais son fils aîné Ferdinando, lord Strange, frère de William Stanley, avaient chacun une troupe d'acteurs.

Vers 1587, William Shakespeare abandonna Stratford, sa bourgade natale, et la tradition veut qu'il ait suivi les comédiens du comte de Leicester qui y jouèrent durant l'été de cette année-là. Or, où alla précisément cette troupe en quittant Stratford ? Tout droit à Lathom House, chez les Stanley : voilà une rencontre assez curieuse. De plus, la compagnie de lord Leicester, son protecteur étant mort, passa quelques mois plus tard sous le patronage de lord Strange, le frère aîné de William. Elle y demeura de septembre 1588 à mai 1594, et il est donc ainsi établi, aux yeux même des stratfordiens, que les

Stanley ont été les protecteurs de l'acteur Shakespeare à l'époque où furent composés les dix premières pièces de théâtre et les deux premiers recueils de poèmes.

En 1594, William Stanley fut immatriculé à Lincoln's Inn, une des quatre écoles de droit de Londres. Cela est à noter puisque les baconiens ont attiré l'attention sur la compétence juridique de l'auteur des pièces.

D'autre part, tous les critiques ont constaté que les drames shakespeariens composés durant les dernières années du XVIe et les premières du XVIIe siècle marquent que leur auteur traverse une crise de pessimisme. Ils sont « pénétrés de tristesse », ils « semblent l'œuvre d'un désabusé qui regarde avec mélancolie ses croyances brisées, ses illusions tombées », etc. ; et M. Jusserand estime que c'est « l'indice d'un changement » dans l'homme qui les a composés, et « d'un pli nouveau dans son esprit ». Si l'acteur Shakespeare a traversé une crise de ce genre, aucun témoignage ne nous en est resté. Mais voici ce qui se passait à la même époque dans la vie de William Stanley.

Son père était mort le 25 septembre 1593 et son frère aîné était devenu le Ve comte de Derby. Mais, le 16 avril 1594, celui-ci mourut subitement, et des bruits sinistres coururent : on dit qu'il avait été empoisonné, envoûté, et des gens osèrent accuser son frère et successeur ; enfin un grand procès s'engagea entre le nouveau comte et la comtesse douairière, sa belle-sœur, qui réclamait une grosse partie de la fortune des Derby. La procédure traîna : six ans après la mort de Ferdinando, William n'était pas seulement assuré de conserver le domaine familial de Lathom, et cependant il lui fallait soutenir son nom et son titre, criblé de dettes comme il l'était. Il ne semble pas avoir été très « pratique » : il empruntait, vendait ses terres, et assez mal, car il fut certainement exploité par des agents d'affaires et dut garder rancune à ces Shylocks. Les procès se terminèrent entre 1603 et 1610 par une série d'accords conclus entre les parties.

En même temps qu'il éprouvait ces soucis, William Stanley avait d'autres ennuis. Il s'était marié en 1595 à Élisabeth de Vere, fille du comte d'Oxford, qui paraît avoir été d'une santé chancelante. Durant l'été de 1597, cette faible créature aurait eu une intrigue avec lord d'Essex, et c'est sans doute à cela qu'il faut rapporter les faits que nous expose un document intéressant. Il y est question de scènes terribles que le comte jaloux fait à sa femme qui ne se défend que par la douceur et les larmes, si bien que les officiers de Milord, révoltés, se décident à une démarche, et s'étant rendus auprès de lui, ils lui exposent qu'ils ont toujours fidèlement servi sa famille et lui-même, mais qu'ils suivront tous le parti de Milady injustement accusée. Il y eut réconciliation entre les époux. Pourtant la comtesse mourut dans un château éloigné, en 1625, et ne fut pas inhumée dans la sépulture des Derby, auprès de son mari.

En 1623, qui est l'année où parut la première édition (in-folio) de l'œuvre shakespearienne, Stanley laissa publier un air de danse dont il était l'auteur ; il était grand musicien, et qui a mieux parlé de la musique que l'auteur du *Marchand de Venise ?* Depuis quelque temps déjà, il pensait à se retirer du monde ; aussi bien, il avait toujours eu du goût pour la solitude et le marquait dès 1599. En 1626, il remit tout ce qu'il put de ses charges et dignités à son fils James, puis, comme un sage, ne gardant qu'une faible part de ses revenus, il s'installa dans son pays de prédilection, à Chester. C'est là qu'il mourut le 29 septembre 1642, léguant un fort beau revenu à l'organiste de sa ville favorite.

Ce bref résumé de la vie du VIe comte de Derby suffit à montrer qu'il correspondrait beaucoup mieux que Shakespeare, mieux même que Bacon et que Rutland, à l'idée qu'on peut se faire, d'après les pièces, de l'auteur du théâtre shakespearien. Je ne m'exagère pas la valeur de ces « concordances » ; il faut néanmoins en tenir compte. Assurément on reconnaît plus aisément William Stanley que William Shakespeare dans tous les personnages où l'on a coutume d'assurer (bien gratuitement, à mon sens) que le poète a voulu se peindre, et le mélancolique Jacques de *Comme il vous plaira*, ou le noble Prospero de la *Tempête* ressemble moins à l'histrion de Stratford qu'à l'ancien écolier d'Oxford, à l'amant de la solitude, à l'homme cultivé, au juriste, au voyageur, au passionné musicien que fut lord Derby.

Pour mal connu qu'il soit encore, celui-ci nous apparaît déjà comme un curieux personnage. Durant les interminables procès qui suivirent la mort de son frère, il connut des heures très sombres. La bizarrerie de sa conduite envers sa femme, la violence de sa jalousie sont remarquables. Quand son frère mourut subitement et de la façon la plus suspecte, on insinua qu'il l'avait empoisonné ; peut-être les membres de la famille se soupçonnèrent-ils réciproquement. « Le personnage d'*Hamlet* n'a aucun caractère, écrivait Tolstoï ;

c'est un phonographe de l'auteur, qui en répète les idées à la file. » Tout au moins peut-on dire que le poète doit s'être un peu livré en peignant ce héros compliqué : aussi, quelle peine se sont donnée les critiques pour expliquer les rapports psychologiques de l'étudiant princier de Danemark et de l'acteur Shakespeare, le plus terre à terre et le moins intellectuel des hommes ! Dans l'épisode des comédiens, par exemple, il n'est presque aucun commentateur qui n'ait imaginé Shakespeare lui-même, donnant de bons conseils à ses camarades sur l'art d'éviter l'emphase et de jouer avec naturel. Pourtant, ce n'est pas en camarade que le héros de la pièce parle aux acteurs, mais bien en prince, en grand seigneur, et assez méprisant, amateur de théâtre, auteur même, comme aurait pu faire lord Derby. Qu'il est excitant pour l'esprit de se le figurer *gras, l'haleine courte*, trouble et dévoré d'intelligence comme le prince Hamlet, ou jaloux comme Othello, ce William Stanley ! Je n'insiste pas sur ces hypothèses ; mais qu'elles soient possibles, il me semble que c'est un point acquis dès maintenant.

Ferdinando, frère aîné de William, avait été mêlé, bien malgré lui, à un complot ourdi par les catholiques d'Angleterre, unis aux Jésuites et à l'Espagne, et dont un de ses cousins était l'âme. Il s'agissait de renverser Élisabeth et de mettre à sa place le comte de Derby, Ferdinando Stanley lui-même, sur le trône. Celui-ci, aux premières ouvertures qu'on lui fit, dénonça immédiatement les conjurés. Il fut empoisonné en 1594, et les catholiques reportèrent leurs espoirs sur le nouveau comte, William Stanley. Mais il fallait d'abord pressentir celui-ci. On chargea un agent secret, nommé Georges Fenner, de se renseigner, et c'est ainsi qu'il nous est parvenu de ce Fenner deux lettres, adressées l'une à un correspondant d'Anvers, l'autre à un correspondant de Venise, où on lit, en des termes à peu près identiques, la petite phrase qui suit :

Le comte de Derby est uniquement occupé à écrire des pièces pour les comédiens professionnels.

Les deux lettres furent sans doute saisies par le gouvernement de la reine, et c'est pourquoi elles se trouvent aujourd'hui conservées dans les State Papers. Elles nous apprennent que le comte de Derby était plongé en 1599 dans la composition de pièces de théâtre, et s'y absorbait si fort qu'il ne prenait nul intérêt à la politique. L'agent Fenner avait surpris ce secret merveilleusement intéressant pour nous et le communiquait à ses mystérieux correspondants pour qu'ils en fissent leur profit.

Si nul autre contemporain n'avait jamais soupçonné le rôle littéraire occulte de Stanley, on pourrait s'en étonner, bien que cela ne soit pas en somme plus surprenant que le silence de tous sur la personnalité de Shakespeare. Mais nous allons voir que tel n'est pas le cas, et ici se place une très jolie trouvaille de M. Lefranc.

En 1595, Spenser publia une pastorale : *Colin Clouts come againe*, où il citait, selon la mode du temps, sous leurs noms véritables ou sous des noms de bergers, un certain nombre de ses contemporains. On a identifié depuis longtemps tous les personnages de cette énumération, mais personne n'a pu dire encore quel est le berger Aetion dont il est question dans les quatre vers que voici en français :

Et là, le dernier venu, mais non le moindre, s'offre Aetion : on ne pourrait trouver nulle part un plus noble (*gentle*) berger ; sa muse, pleine de l'invention de hautes pensées, sonne, comme lui-même, héroïquement.

Certains ont pensé qu'il s'agissait là de Shakespeare, mais on a renoncé généralement à cette hypothèse à peu près gratuite, d'autant plus que Shakespeare n'avait encore signé à cette époque que la dédicace de *Vénus et Adonis*, que Spenser semble ne l'avoir jamais connu et qu'il ne parle dans *Colin Clout* que de grands seigneurs ou de personnages illustres.

Le nom du berger Aetion, dérivé du mot grec ἀετός, aigle, signifie : qui dépend de l'aigle, qui se rattache à l'aigle. Or, la pièce principale des armoiries des Derby est une aigle emportant un enfant ; c'était l'emblème de leur famille, connu comme tel des Anglais, et qui avait donné son nom à la plus haute tour de leur château ; beaucoup de textes y font allusion, et notamment Thomas Nash, dans une lettre à Spenser lui-même, parle allégoriquement de l'aigle des Derby à propos de Ferdinando, le frère aîné de William. Si l'on songe que, dans *Colin Clout*, l'éloge d'Aetion vient immédiatement après celui de Ferdinando Stanley (désigné sous le nom d'Amyntas), il est naturel de penser qu'Aetion n'est autre que William Stanley. Dans son énumération des bergers, Spenser fait passer en premier lieu les auteurs célèbres, puis les mécènes et les écrivains de l'aristocratie : sir Walter Raleigh, Ferdinando Stanley (Amyntas), William Stanley (Aetion) et sir Philip Sidney. Vraiment cette identification ne peut faire aucun doute, d'autant moins que

Spenser était un ami des Derby et évoque souvent leur milieu dans ses poèmes. En revanche, la seule citation d'un titre d'ouvrage réel qu'on trouve dans tout le théâtre shakespearien, c'est celui d'un poème de Spenser (*Songe d'une nuit d'été*, acte V, scène 1re). Et voilà comment les arguments des stratfordiens, qui expliquent que l'éloge ne saurait s'appliquer qu'à l'auteur du théâtre shakespearien, renforcent ici la thèse de M. Lefranc.

Nous savons maintenant que William Stanley écrivait secrètement des pièces pour les comédiens professionnels, fort appréciées de Spenser. Et c'est un renseignement dont il n'est pas besoin de souligner l'intérêt.

Dans le *Songe d'une nuit d'été* et dans *Hamlet,* l'auteur nous montre ses personnages assistant à une représentation que leur donnent des comédiens. Déjà, dans *Peines d'amour perdues*, il nous avait fait voir Grossetête, le rustre, sir Nathaniel, le curé, le pédant magister Holofernes, le page Papillon et l'emphatique don Adriano de Armado jouant devant le roi, la princesse, leurs seigneurs et leurs dames, une sorte de mascarade, un *pageant* intitulé *les Neuf preux*. Un spectacle du même genre eut lieu, le 1er août 1621, dans une ville anglaise, et entre tous ceux de la fin du XVIe et des premières années du XVIIe siècle dont il nous est resté des traces, c'est le seul où les neuf preux aient été mis en scène. Chacun d'eux y apparaissait en armure, tout de même que dans *Peines d'amour perdues*, et, comme dans cette pièce encore, *Hiems*, l'Hiver, et *Ver*, le Printemps, y avaient un rôle. Or, sait-on où eut lieu ce *pageant ?* À Chester, dans la ville favorite de Stanley. — Notons cela.

En 1584, un auteur nommé Richard Lloyd publia un poème fort naïf sur les neuf preux, les *Nine Worthies*. Chacun de ceux-ci, Josué, Hector, David, Alexandre, Judas Macchabée, Jules César, Arthur, Charlemagne et Guy de Warwick, se présente tour à tour en armure, décline son nom (« I am the worthie conquerour Duke Iosua the great », etc.), déclame un bref mais emphatique récit de ses exploits, puis cède la place au suivant. C'est exactement ce qui se passe dans le pageant de *Peines d'amour.* — En outre, dans le poème de Richard Lloyd, les monologues sont précédés d'une description de la figure et des armes de chacun des héros, et une facile comparaison montre que c'est vraisemblablement cette description de Lloyd que les spectateurs du pageant, dans *Peines d'amour perdues*, tournent en ridicule. Je dis : « vraisemblablement », je ne dis pas : « certainement », comme M. Lefranc, et voici pourquoi. Dans la pièce shakespearienne, Grossetête déclare à sir Nathaniel :

Oh ! Messire, vous avez déprécié Alissandre le Conquérant. *On vous effacera pour ce fait des tapisseries.*

Or, les neuf preux ont été l'un des sujets les plus communément traités par les dessinateurs de tapisseries, et ils étaient toujours représentés avec leurs attributs traditionnels, tels que les décrivent gravement Richard Lloyd et ironiquement l'auteur de *Peines d'amour*, en sorte qu'on ne peut être absolument certain que celui-ci se moque des *Nine Worthies* ; toutefois, si l'on songe aux autres ressemblances entre la pièce et le poème (qu'il serait trop long de détailler ici), il paraît bien vraisemblable qu'il s'en moque, encore un coup[3].

Mais qui était ce Richard Lloyd ? Richard Lloyd était le *propre gouverneur de William Stanley*. C'est ce *school master* qu'on avait chargé, selon l'usage du temps, d'accompagner et de surveiller le jeune homme dans le voyage que celui-ci fit sur le continent. Il nous est resté deux lettres qu'il écrivit alors qu'il se trouvait en France avec son élève ; on l'y voit fort préoccupé, en vrai magister, de découvrir quelque résidence isolée à Angers pour son disciple et lui, à l'écart des routes fréquentées, et constater avec onction que « les papistes et les réformés vivent ici en bon accord », grâce à quoi « personne n'est contraint d'aller à l'église ». C'était un fort pédant personnage : il nous est resté de lui un traité en anglais, tout entrecoupé de phrases latines, comme le sont les propos d'Holofernes dans *Peines d'amour perdues*, le ridicule poème déjà cité des *Nine Worthies* et un ouvrage sur l'état de la chrétienté où l'on devine d'abord qu'il n'y a pas le plus petit mot pour rire. *Peines d'amour* nous donne Holofernes comme l'auteur, le metteur en scène des *Neuf preux*, et comme un homme remarquablement compétent en spectacles de ce genre ; tel était certainement le cas de l'auteur des *Nine Worthies*. Et M. Lefranc a raison de conclure que c'est par une concordance extraordinaire que le personnage à qui il attribue le théâtre de Shakespeare a eu un précepteur qui a composé une déclamation des *Nine Worthies* que *Peines d'amour perdues* semble bien tourner en ridicule.

Mais continuons. Où se passe la scène de la comédie ? Pour cela, point de doute : en Navarre, à la cour du futur Henri IV, et plus précisément dans le célèbre parc de Nérac. Le roi de la pièce, c'est Henri, tous les commentateurs s'accordent là-dessus. À la scène II de l'acte V, la Princesse dit qu'elle a reçu du Roi « autant d'amour en vers qu'on peut en fourrer sur une feuille de papier écrite des deux côtés, *marge et tout, qu'il lui a plu de sceller du nom de Cupidon* ». Le Vert-Galant, en effet, avait coutume de sceller ses poulets d'un cachet spécial représentant un *H* entouré de lacs d'amour, d'y tracer autour de sa signature des *S* traversés de flèches, emblèmes de baisers, et de les couvrir jusque sur l'adresse de symboles amoureux de ce genre. Joignez que l'original autographe de la fameuse chanson de *Charmante Gabrielle*, qui fut adressée sous forme de missive à Gabrielle d'Estrées, existe encore (il a pour heureux possesseur M. le comte Le Gonidec de Traissan) : plusieurs strophes y sont écrites en marge ; et voilà encore une bien curieuse concordance. D'autre part, on lit dans une lettre écrite par la reine Marguerite à son royal époux : « Si vous étiez honnête homme, vous quitteriez l'agriculture et l'humeur de Timon pour venir vivre parmi les hommes. » Et sait-on à quelle époque le Vert-Galant marquait, comme le Roi de *Peines d'amour*, cette humeur de Timon ? Durant l'automne de 1582, c'est-à-dire dans le temps précisément que William Stanley voyageait en France. On avouera que c'est encore là une rencontre faite pour surprendre.

Mais il en est bien d'autres ; je ne puis les citer toutes. La première édition de *Peines d'amour* (1598), dont le texte est fort incorrect, prétend offrir la comédie telle qu'elle fut jouée devant la reine Élisabeth à la Noël de 1597, et nouvellement corrigée et augmentée. Or, la Princesse de France s'y trouve appelée plusieurs fois, par inadvertance, *Queen*, la Reine : évidemment parce que le manuscrit qui a servi à l'impression avait été mal corrigé et que, dans les rédactions antérieures, l'héroïne était ainsi désignée. Cette princesse de France qui était reine dans la première version — et qui apparemment devint princesse par prudence, pour ne point être trop reconnaissable et n'attirer pas sur la pièce les foudres dangereuses de la censure anglaise, alors très redoutable — ne représenterait-elle point Marguerite de Valois, la propre femme du Vert-Galant, comme le Roi de *Peines d'amour* représente celui-ci[4] ?

Reprenons la pièce. Si la Princesse vient à la cour du Roi, c'est en ambassadrice et pour arranger certaines difficultés qui se sont élevées entre la France et la Navarre à propos de l'Aquitaine. Or, ici, presque tous les commentateurs (sauf M. Israël Gollancz) ont cité, les uns copiant les autres, comme ayant servi de source à Shakespeare, un passage des chroniques de Monstrelet qui se rapporte à certains litiges de l'année 1427, ou environ, au sujet de Nemours, de Cherbourg, d'Évreux, bref, dont pas un mot, mais pas un traître mot n'a rien à voir avec le morceau de *Peines d'amour* qu'il prétend expliquer. C'est ainsi ; ceux qui en douteraient n'auraient qu'à ouvrir leur Shakespeare : ils y trouveraient l'extrait de Monstrelet et s'en assureraient aisément.

Pourtant il s'agit là d'une série de faits bien connus et contemporains de la pièce shakespearienne. C'est une histoire fort compliquée. L'Aquitaine ou Guyenne était gouvernée en partie par Henri de Navarre, en partie par son beau-frère, le roi de France, et cela causait des querelles et des troubles sans fin que les guerres de religion n'apaisèrent point. La dot de Marguerite de Valois, qui ne fut jamais payée, était garantie en partie par certaines villes de Guyenne, — le « douaire de la Reine », dont parle Boyet dans la comédie. Pour résoudre ces conflits, Catherine de Médicis se mit en route pour la Navarre en compagnie de Marguerite qui était alors avec elle à la cour de France et que Henri avait mandée. Les deux reines étaient accompagnées de leurs dames et de leurs filles, l' « escadron volant », comme on l'appela, sur les grâces desquelles la rusée Catherine comptait. « Elle avait résolu, dit un historien, de livrer au roi de Navarre une vraie bataille de diplomatie et de galanterie… Ne prétendait-elle pas que les lenteurs des négociations n'avaient pour cause que le désir de voir plus longtemps ses filles ? » Si celles-ci étaient semblables aux Rosaline, Catherine, Maria de *Peines d'amour perdues*, on conçoit en effet cette lenteur des négociations. Marguerite et son mari demeurèrent à Nérac dont le parc vit alors des fêtes incessantes : « Les festins, les danses, les mascarades, les heures joyeuses, comme parle Biron dans la comédie, précédaient le bel amour, en semant son chemin de fleurs. » On crut que le roi allait se reprendre définitivement de tendresse pour sa femme ; tous ses jeunes compagnons, tous les membres de son conseil, et jusqu'au grave Rosny, étaient tombés dans les filets des dames de la reine : c'est d'Aubigné qui nous le dit. Oui, cette Princesse ou Reine de *Peines d'amour* qui vient régler les questions d'Aquitaine et dont le Roi s'éprend, c'est bien le souvenir de Marguerite de Valois qui l'a suggérée à l'auteur de la pièce, comme ces coquettes et spirituelles personnes qui l'accompagnent symbolisent sans doute le fameux « escadron volant ».

Il en est d'autres indices. Quand Catherine déclare à la Princesse qu'elle connaît déjà Du Maine pour l'avoir rencontré chez le duc d'Alençon, nous nous souvenons que Marguerite alla voir son frère François d'Alençon en juin 1579, deux mois avant son départ pour la Guyenne. Et quand Rosaline échange ses répliques avec Biron : « N'ai-je pas naguère dansé avec vous en Brabant ? — Je sais bien que oui », etc., nous évoquons le voyage mémorable que fit la reine aux eaux de Spa avec toute sa maison, et dont elle conte en grand détail dans ses *Mémoires* les fêtes et les bals.

Doutez-vous encore ? Lisez en ce cas les propos des dames de la Princesse à la scène II de l'acte V :

Rosaline. — Vous ne serez jamais amis ensemble : *il* [Cupidon] *a tué votre sœur.*

Catherine. — *Il la rendit mélancolique, triste et morose, et c'est pourquoi elle mourut* ; mais si elle avait été légère comme vous, si elle avait eu votre esprit gai, preste, pétulant, elle aurait pu devenir grand'mère avant de mourir, et c'est ce que vous deviendrez, car un cœur léger vit longtemps.

Et maintenant écoutez la belle et véridique histoire de celle qui mourut d'amour, telle que nous la conte dans ses *Mémoires* la reine Margot.

Mme de Tournon, qui était dame d'honneur de cette reine, avait deux filles. L'aînée, mariée à M. de Balançon, gentilhomme de Bourgogne, obtint de garder sa sœur Hélène auprès d'elle pour lui tenir compagnie en ce pays où elle était éloignée de tous ses parents. Dans la même maison vivait le frère de M. de Balançon, qui devint amoureux de la jeune fille et en demanda la main. Mais M. de Balançon, qui voulait que son frère fût d'église, s'opposa au mariage, si bien que Mme de Tournon, offensée, rappela sa fille auprès d'elle, et « comme elle estoit femme un peu terrible et rude, sans avoir grand esgard que cette fille estoit grande et méritoit un plus doux traitement, elle la gourmande et la crie sans cesse, ne luy laissant presque jamais l'œil sec, bien qu'elle ne fist nulle action qui ne fust très louable ». Hélène fut donc bien joyeuse, en 1577, quand elle vit que la reine se rendait en Brabant, pensant que M. de Varembon, son amoureux, s'y trouverait et qu'il la demanderait en mariage.

Elle le vit en effet à Namur, mais il ne fit pas seulement semblant de la connaître. Et bien qu'elle se fût contrainte de lui montrer bonne mine par amour-propre, sitôt qu'il fut parti, elle se trouva « tellement saisie qu'elle ne peust plus respirer qu'en criant et avec des douleurs mortelles », et mourut en huit ou dix jours. Comme on portait son corps à l'église, voici venir M. de Varembon qui s'était ravisé et accourait la demander à sa mère. « Il advise de loin, au milieu d'une grande et triste trouppe de personnes en deuil, un drap blanc couvert de chappeaux de fleurs. Il demande que c'est ? » On lui répond que c'est Mlle de Tournon. Ô mortelle réponse ! À ces mots, il se pâme et tombe de cheval... (Mais plus tard, il fit un fort beau mariage.)

Voilà l'histoire de celle qui mourut d'amour pendant le voyage de la reine de Navarre en Brabant. C'est une histoire vraie, qui est tout à fait dans le goût des nouvelles du temps : aussi n'est-il pas étonnant que Marguerite y fasse plusieurs allusions dans ses *Mémoires*. On en dut beaucoup parler à la cour de Nérac : toutes les femmes de la reine avaient connu Mlle de Tournon, leur compagne. Doutez-vous, après les constatations qui précèdent, que ce ne soit à cette romanesque aventure que Rosaline et Catherine font allusion ?

Et si vous n'en doutez pas, voyez-vous comment l'auteur du théâtre de Shakespeare a pu y songer, non seulement au temps où il composait *Peines d'amour perdues*, mais lorsqu'il écrivait *Hamlet ?* Relisez l'histoire d'Ophélie. « Mais non, dit à la reine Polonius-Balançon, je suis entré rondement en matière et j'ai parlé ainsi à ma jeune demoiselle : « Le seigneur Hamlet est un prince hors de ta sphère ; cela ne doit pas être », et puis je lui ai fait la leçon pour lui dire qu'elle devait se dérober à ses entretiens... » Rappelez-vous l'angoisse de la jeune fille lorsque Hamlet, tel Varembon, lui fait paraître cette horrible froideur. Comme Hélène, Ophélie meurt quelques jours après le départ de son amant, et rappelez-vous, encore, comment Hamlet rencontre en revenant un enterrement dans la rue : il s'enquiert de qui l'on porte ainsi en terre... Grâce à M. Lefranc, il semble que nous surprenions ici le travail d'imagination de l'auteur d'*Hamlet* : est-il rien de plus émouvant ? Nous savons maintenant de quelle belle histoire d'amour, et française, est né l'épisode d'Ophélie. Car il me semble qu'on ne peut plus guère douter que ce ne soit la cour de Navarre dont il est question dans *Peines d'amour perdues*.

William Stanley dut y passer, allant de France en Espagne avec son précepteur, le pédant Richard Lloyd-Holofernes. Quant à l'acteur Shakespeare, à cette époque, il séduisait une paysanne dans son village de Stratford, et, si beaucoup de gens ont pu admettre qu'il avait acquis en trois ou quatre ans la connaissance du français, du latin, de la littérature étrangère, de tous les raffinements de manières, de langage, d'esprit, bref toute la culture intellectuelle et morale nécessaire pour composer cette comédie raffinée, « mondaine », entre toutes, puis celles qui l'ont suivie, personne n'a jamais prétendu qu'il avait vécu à la cour de Navarre. Alors…

Alors ce serait lord Derby l'auteur du théâtre shakespearien ; et bien d'autres remarques encore peuvent le donner à penser qu'il faudrait un volume pour exposer, même en résumé. J'en citerai quelques-unes seulement qui m'ont paru plus curieuses.

La comédie des *Joyeuses commères de Windsor* est de 1598 ou de 1601, selon les critiques. En tout cas, elle a été composée à l'occasion d'une cérémonie de la Jarretière. — Le comte de Derby reçut la Jarretière en 1601, justement, et à Windsor, dans la chapelle de Saint-Georges.

Dans la *Tempête*, non seulement les sciences occultes et la magie ne sont pas blâmées, mais louées au contraire et considérées comme bienfaisantes : les enchantements du duc banni n'amènent que le triomphe de la justice. C'est là un cas singulier, puisque dans tous les ouvrages où des magiciens ou sorciers sont mis en scène — dans le *Faust* de Marlowe, par exemple, — ceux-ci sont châtiés, et durement, au dénouement. Joignez que l'époque où parut la pièce fut une des moins propices aux amateurs de sciences secrètes : le roi Jacques Ier, persuadé d'avoir été ensorcelé, auteur lui-même d'un ouvrage contre la démonologie, les faisait poursuivre très vigoureusement. Comment peut-on imaginer que l'acteur Shakespeare, et appartenant à la troupe royale, aurait seulement rêvé d'écrire une pareille œuvre ? Et pourquoi, ayant le caractère qu'on sait, se serait-il exposé bénévolement à ce risque ? — En outre, Prospero fait tous ses enchantements selon les règles de l'art : c'est un magicien compétent. Ne nous en étonnons point puisque lord

Derby fut un grand ami du fameux John Dee, le plus célèbre des « occultistes » de ce temps.

L'auteur du théâtre shakespearien fait plusieurs allusions aux représentations populaires données à la Pentecôte et à la Saint-Jean, non par des acteurs professionnels, mais par des gens de métiers, des artisans. Il en parle dans les *Deux gentilshommes de Vérone* et dans le *Conte d'hiver*, mais tout le monde se rappelle *la Très lamentable comédie et la très cruelle mort de Pyrame et Thisbé*, telle qu'elle est raillée dans le *Songe d'une nuit d'été*. Pour commenter ces allusions, on a souvent évoqué les mystères que jouaient les bonnes gens de Coventry et d'York, mais on a tout à fait négligé de rappeler que ces spectacles avaient lieu au moment de la Fête-Dieu. En réalité, la seule ville d'Angleterre où il y ait eu des représentations populaires à la Pentecôte et à la Saint-Jean, c'est Chester, — la ville favorite de William Stanley, où il habita une partie de sa vie, où il se retira et où il mourut. À Chester, chaque corps de métier avait le privilège de fournir un acteur ou d'assurer une partie du spectacle, et voilà apparemment pourquoi il est si nettement spécifié dans le *Songe* que les acteurs bénévoles de *Pyrame et Thisbé* appartiennent à des métiers différents.

Le 26 janvier 1595, le chef d'une des plus nobles familles d'Angleterre se mariait à Greenwich ; à cette occasion, la troupe du lord Chambellan, dont faisait partie l'acteur Shakespeare, joua devant la reine, dans cette ville, le *Songe d'une nuit d'été*. Il ne reste qu'à dire que ce grand seigneur était le VIe comte de Derby. Tout, comme on voit, ramène à lui.

Mais pourquoi, enfin, aurait-il pris le masque de Shakespeare ?

Certes, la réponse est difficile, mais je crois que nous devons, avant tout, tâcher de nous abstraire de notre point de vue moderne. S'il s'agissait d'une autre œuvre que le théâtre de Shakespeare, d'une œuvre qui nous parût moins admirable, nous serions moins étonnés. Que Raymond de Fourquevaux publiant, en 1548, ses *Instructions sur le faict de la guerre* (un excellent livre, qui eut beaucoup de succès) ait fait de son mieux pour qu'elles fussent attribuées à Guillaume Du Bellay, et y ait réussi, nous ne le trouvons pas bien surprenant. Il nous faut imaginer que nul des contemporains de Shakespeare ne songea certainement que la postérité lui accorderait le rang où nous le plaçons. Je n'ai pas le loisir de faire ici une étude détaillée des témoignages qui nous sont restés sur la qualité du succès qu'eut Shakespeare en son temps ; il ne fut pas méconnu, mais je ne crois pas qu'on puisse contester que sa réputation fut plutôt celle d'un auteur dramatique amusant, d'un écrivain à « gros tirage », que celle d'un artiste destiné à l'immortalité[5]. Et l'on peut très bien concevoir qu'un grand seigneur de ce temps n'ait pas tenu à ces lauriers décernés par le « vulgaire odieux ». L'état d'homme de lettres, depuis la Renaissance, avait gagné beaucoup dans l'estime publique, mais ce n'est guère que depuis un siècle que le talent d'écrivain peut, dans l'opinion, balancer la naissance : qu'on se rappelle sur quel ton un Saint-Simon, chez nous, parlera encore des écrivains. Vraiment, aux yeux du comte de Derby, ce n'était peut-être pas une notoriété très enviable que celle d'un auteur de drames à succès.

D'autant que, si la mode était alors de faire des livres, elle était de les faire anonymement. Ouvrons une fois de plus la belle *Histoire littéraire* de M. Jusserand. Elle nous apprend (t. II, p. 236-9) qu'à l'époque de Shakespeare tout le monde écrivait, mais que peu de gens relativement signaient et publiaient. « Produire est une nécessité ; ils ne peuvent s'en empêcher ; ils écrivent pour se soulager l'esprit, sans y attacher d'importance ; ne pas imprimer est une élégance. Les plus grands seigneurs et les plus occupés d'ambition et de graves affaires riment des poésies... Mais ils n'impriment rien... Une renommée discrète leur suffisait... C'était si notoirement une élégance de dédaigner la presse que des écrivains de profession se conformaient à l'usage ou faisaient semblant, et merveilleux est le nombre des publications commençant par l'assurance que l'impression est faite à l'insu de l'auteur. » Il y a ainsi beaucoup de mystère autour des œuvres de Spenser, des sonnets de Sackville et de quelques autres. Le propre beau-père de William Stanley, lord Oxford, par exemple, qui passa pour le meilleur acteur comique de son temps, fut également un excellent dramaturge, paraît-il ; néanmoins nous ne connaissons pas une ligne de ses œuvres. Et à qui pense Greene, quand il parle de ces écrivains amateurs qui, pour ménager leur situation et leur apparente gravité, s'en vont « chercher un autre Batillus pour inscrire son nom en tête de leurs vers» ? Si nous songeons à ce dandysme du temps d'Élisabeth, nous concevrons mieux que le comte de Derby soit demeuré anonyme comme son beau-père, le comte d'Oxford.

D'ailleurs, pourquoi n'accorderions-nous pas un certain rôle à Shakespeare de Stratford dans la composition des pièces ? Ben Jonson tenait des camarades de Shakespeare que celui-ci, quoi qu'il écrivît, n'effaçait jamais une ligne, et pour moi, cela ne se peut concevoir que si les manuscrits qu'ont vus les acteurs n'étaient que des mises au net. Mais c'est bien vainement que M. Célestin Demblon s'efforce d'établir que Shakespeare était illettré. Ses signatures sont d'un pauvre d'esprit, mais défions-nous des graphologues. Greene l'accusait en 1591 de « se croire aussi habile à gonfler un vers blanc » que quiconque, et en 1613 lord Rutland lui demandait quelques vers probablement ou quelques phrases pour sa devise : c'est donc qu'il était capable de les faire. L'amateur génial dont il était sans doute le prête-nom se désintéressait fort de ces pièces qu'il écrivait par passe-temps et ne publiait même pas. Si certains des drames ont été légèrement remaniés et arrangés pour la scène, j'inclinerais à croire que c'est là le travail de l'acteur Shakespeare, factotum du théâtre. Mais je ne pense pas que le buveur de Stratford, l'ami de l'usurier Combe, ait jamais rêvé *Hamlet* et le *Marchand de Venise*, le *Songe d'une nuit d'été* et *Comme il vous plaira*.

(Janvier 1919.)

---

1. ↑ Cet article a paru dans la *Revue de Paris* du 1ᵉʳ février 1919.
2. ↑ Les hérétiques insistent beaucoup là-dessus : son testament ne fait aucune mention de livres. M. S. Lee *suppose* qu'ils ont été compris dans la rubrique générale des « goodes » et des « chattels ». Mais ç'aurait été contraire à tous les usages, les livres valant alors fort cher : Hall, par exemple, le propre gendre de Shakespeare, mentionne son « cabinet de livres ».
3. ↑ Francois-Victor Hugo dit, dans une note de sa traduction, qu'une « estampe coloriée, du xvᵉ siècle, qu'on peut voir à la Bibliothèque nationale, en tête d'un manuscrit du fonds Colbert », représente Alexandre tenant une lance et un écu semblable à celui qui provoque les lazzi de Grossetête. — Les éditeurs anglais citent, pour expliquer le *pageant* de *Peines d'amour*, des textes anciens, demeurés manuscrits, que l'auteur de la pièce n'aurait pu connaître que par un hasard étonnant. Ils n'indiquent comme source possible ni le poème de Lloyd, ni les tapisseries.
4. ↑ Bien entendu, nous ne prétendons pas que l'auteur de la comédie ait voulu faire des portraits ressemblants, mais seulement qu'il a brodé ses riches fantaisies sur un canevas de souvenirs, de réalités.

5. ↑ Il va de soi que je ne prétends pas qu'un auteur à succès ne puisse être un artiste. L'art et le succès ne s'opposent pas : ils sont tout à fait indépendants l'un de l'autre, ils s'ignorent. — On mit Spenser, Beaumont, Michaël, Drayton, Jonson, à Westminster ; il ne fut pas question un instant d'y inhumer Shakespeare, quoi qu'en pense Sir Sidney Lee.

II.

RÉPONSE À DES OBJECTIONS.

Quelques jours avant que son livre parût en librairie, M. Abel Lefranc l'annonça dans le *Petit Parisien*. Comme de juste, il se contentait de donner dans cet article ses conclusions en les faisant suivre d'un très vague aperçu de son argumentation ; comment faire tenir, même en résumé, dans une chronique d'une colonne et demie ce qui lui a paru exiger deux gros volumes de 700 pages ? Néanmoins quelques journalistes, ayant lu ce « papier », prirent feu là-dessus avec imprudence. M. Léon Daudet, notamment, répondit dans l'*Action française* du 7 décembre par un pamphlet d'une verve excellente, où il montrait qu'on peut prouver que le duc de Morny est l'auteur de la *Comédie humaine* de Balzac par des arguments analogues à ceux de M. Abel Lefranc. Il est vrai que M. Léon Daudet ignorait, et pour cause, les arguments de M. Abel Lefranc. Mais il croyait les connaître, et beaucoup de gens qui n'ont lu que l'article du *Petit Parisien* et celui de l'*Action française* demeurent persuadés, en toute bonne foi, qu'ils sont au courant de l'affaire Shakespeare. Tel est l'inconvénient des articles de journaux.

Ils en ont un autre : c'est de mécontenter M. André Beaunier [1]. M. André Beaunier désapprouve qu'un professeur au Collège de France annonce ses découvertes dans le *Petit Parisien*. Il estime qu'en agissant ainsi, M. Abel Lefranc ne s'est pas comporté comme font le plus souvent les érudits, « gens discrets, secrets, et qui trouvent de jolies choses peu importantes ». Mais on peut se demander si à l'ordinaire cette discrétion des érudits n'est pas, pour ainsi dire, involontaire : je crains qu'il n'en soit peu, en effet, qui aient jamais eu l'occasion d'écarter pudiquement les sollicitations d'un grand journal. Et puis il peut arriver que des érudits découvrent des choses qui ne soient pas peu importantes. Enfin, quand même elles le seraient, il ne serait pas désagréable de voir les grands journaux s'en occuper : il me semble que si l'on arrivait à captiver les lecteurs du *Petit Parisien* par des controverses d'histoire littéraire, cela ne pourrait que profiter aux bonnes lettres et à la paix civile. Ah ! plaise aux dieux que les gazettes à fort tirage parviennent à intéresser leurs lecteurs à ces pacifiques querelles !... En somme, je serais bien plutôt porté à féliciter M. Abel Lefranc d'avoir réussi à insérer aux premières colonnes du *Petit Parisien* un article sur l'affaire Shakespeare qu'à l'en blâmer avec M. André Beaunier.

Certes, que ce soit Stanley ou que ce soit l'acteur Shakespeare qui ait composé le théâtre que l'on publie sous le nom de celui-ci, cela ne rend ni plus ni moins belle la *Tragique histoire d'Hamlet, prince de Danemark* ; c'est là une vérité évidente et au reste si généralement appréciée que nul (ou peu s'en faut) de ceux qui ont rendu compte dans les gazettes de l'affaire Shakespeare n'a négligé de la rappeler. Mais la plupart ont cru devoir ajouter quelques considérations dédaigneuses, bien que condescendantes, et plaisantes, mais usagées, sur la critique historique en général et l'érudition en particulier. Il y a sur ce sujet quelques clichés fort goûtés.

M. André Fontainas, par exemple, les a exprimés à nouveau avec une charmante conviction dans un article du *Mercure de France*[2] intitulé *les Pucerons sur le rosier de Shakespeare*. Ces pucerons ce sont les écrivains qui ont étudié l'œuvre du grand poète, notamment Milton, Voltaire, Hugo et M. Fontainas lui-même. M. Fontainas, comme on le sent, ne partage pas l'opinion d'Oscar Wilde, qui estimait que la critique est très supérieure à l'art. Ah ! comme M. Fontainas a raison ! La critique est un art, en effet, comme la poésie, et Oscar Wilde les opposait bien à tort. Mais ce n'est pas cette considération qui inspire à M. Fontainas le dédain qu'il éprouve pour les critiques ; et, à vrai dire, il n'est pas aisé de deviner les motifs de M. Fontainas.

Quoi qu'il en soit, je dois avouer qu'en achevant la lecture de son article j'ai bien failli être de son avis : on ne saurait, en effet, rien trouver qui justifie mieux la sévère opinion de M. Fontainas sur la critique que l'étude critique de M. Fontainas lui-même. Son procédé ordinaire consiste à grouper des faits inexacts et à les présenter avec une ironie habile et socratique de manière à réfuter par l'absurde les arguments et les raisonnements qu'il prête à ses adversaires, mais qui ne sont pas ceux de ses adversaires. C'est fort curieux, réellement, comme on va voir. Je ne choisis nullement ; je prends le début de sa discussion :

> Il [Shakespeare] est né à Stratford-sur-Avon, ce qui, au sentiment de plusieurs, constitue déjà une infériorité [vous sentez l'ironie ?] ; ses adversaires l'appellent, d'un ton étrangement dédaigneux, l'homme de Stratford ou le Stratfordien...

On appelle parfois Jeanne d'Arc « la bonne Lorraine », ou même « la Pucelle de Lorraine », pour la commodité de la phrase et sans aucune intention de dédain... Mais continuons :

> Aucun document n'a révélé aux intrépides chercheurs quelles pouvaient être les matières qu'on enseignait à l'école de Stratford *ni qu'il existât une école à Stratford* [les lecteurs du *Mercure de France* auraient tort de se fier aux renseignements de M. Fontainas, mais on le verra mieux tout à l'heure]. On conçoit l'indignation de M. Abel Lefranc, professeur au Collège de France, quand les « Stratfordiens », comme il dit, se permettent, en l'absence des moindres preuves écrites ou imprimées, de présumer que, dans cette école, qui peut-être n'exista pas, le jeune Shakespeare a reçu une instruction sensiblement analogue à celle qui se donnait dans des écoles, réellement existantes, de villes ou de bourgs égaux en importance à Stratford... Non content d'être un ignorant, Shakespeare ne laisse entrevoir entre les ténèbres épaisses de son existence que la certitude d'actes assez répréhensibles et qui font peu d'honneur à sa moralité privée. Il avait fort jeune épousé une femme des environs ; il eut d'elle plusieurs enfants ; soudain, un jour, à la suite d'un fait de braconnage sur les terres d'un grand seigneur, il disparut de Stratford, se réfugia à Londres, y mena une vie de misère telle qu'il s'en trouva réduit à appeler les voitures à la porte des théâtres, ce qui lui inspira sans doute le goût de la scène et lui fut l'occasion d'être engagé dans une compagnie d'acteurs... Dans son testament, qui ne parle ni d'art ni de poésie ni même de livres, il affecte envers sa pauvre femme de ne lui assigner en partage que le second, par la qualité, des lits de la maison, etc.

Or, le raisonnement prêté à M. Abel Lefranc n'est pas le raisonnement de M. Abel Lefranc ; ce qui « fait peu d'honneur à la moralité privée de Shakespeare », ce n'est pas d'avoir épousé fort jeune une femme, mais de l'avoir engrossée préalablement (mon Dieu, ce n'est pas un acte de vertu) ; s'il disparut de Stratford, ce ne fut pas après un fait de braconnage, attendu que l'histoire des daims dérobés est une légende ; si ce fut pour se réfugier à Londres, on n'en sait rien ; s'il mena dans cette ville une vie de misère, il n'y fut pas chasseur à la porte d'un théâtre, comme se le figure M. Fontainas, car les taxis n'étaient pas encore inventés et les coches même étaient si rares qu'on n'avait apparemment que bien rarement l'occasion de les « appeler» ; si son testament ne parle pas d'art et de poésie, c'est que les notaires de ce temps recevaient au moins aussi rarement que ceux d'aujourd'hui des testaments en vers ; mais, s'il ne parle pas de livres, cela ne peut s'expliquer que par une raison : c'est que Shakespeare n'en possédait pas, attendu que les livres étaient alors infiniment précieux et mentionnés toujours dans les testaments.

Ce court spécimen de la manière de M. Fontainas suffit, il me semble, à faire sentir combien il serait inutile de pousser plus loin l'examen de son article. Et, puisque sa conception de la critique historique paraît ainsi sujette à caution, il s'ensuit que le jugement qu'il porte sur celle-ci ne l'est pas moins. Mais, encore une fois, cet article du *Mercure de France* est intéressant parce qu'il illustre un lieu commun fort goûté dans certains milieux où la culture en général, et particulièrement les philologues, ont mauvaise presse, comme on dit : c'est que la critique érudite est une chose ridicule dont on ne saurait parler qu'avec un dédain indulgent.

Pourtant, si nous avons aujourd'hui, des pièces shakespeariennes, un texte assez correct, convenablement ponctué et dont la plupart des obscurités ont été éclaircies et des difficultés commentées, un texte lisible en un mot, c'est au travail assidu des philologues et des érudits qu'on le doit. Grâce à ces bons jardiniers, le rosier de Shakespeare s'épanouit admirablement pour nous. Et, n'auraient-elles point d'autre mérite, les controverses au sujet du véritable auteur de l'immortel théâtre auraient au moins celui d'avoir suscité une foule de travaux dont nous bénéficions : pour répondre aux partisans de Bacon ou de Rutland, on a mieux lu, examiné de plus près, mieux compris, mieux goûté que jamais les pièces shakespeariennes. Si bien que je me reproche d'avoir dit tout à l'heure que le nom de l'auteur était un problème amusant, mais sans grande importance ; ce ton légèrement ironique, qui est celui de M. Fontainas, me semble le modèle même de la fausse élégance. Il ne saurait être indifférent, en effet, à qui aime passionnément *Hamlet* (à moins qu'il ne manque absolument d'imagination), de savoir que, dans certaines circonstances de sa vie, l'auteur a pu éprouver lui-même ce que ressent son trouble héros, ni même de connaître de quelle anecdote « vécue » il a tiré sa pièce et de mesurer mieux ainsi la grandeur de son génie. Il est naturel de chercher à bien connaître ce que l'on aime, et le savant qui découvre du nouveau sur une de nos œuvres préférées fait beaucoup pour notre bonheur. On est très ingrat pour les érudits. N'est-ce pas grâce à eux que le laurier peut couronner aujourd'hui les ruines du mont Palatin et les rosiers fleurir le jardin de la maison des Vestales ? N'êtes-vous pas heureux de connaître le canevas sur lequel maître François, devenu le premier de nos romanciers réalistes, a brodé son *Gargantua* et son *Pantagruel* ? Est-ce peu de chose que de mieux sentir par l'histoire de la cabale des dévots la puissante vie qui anime Tartufe ? Et ne seriez-vous pas fort aise d'être assuré que le torse du Belvédère, par exemple, est vraiment celui d'Hercule jouant de la grande lyre ou de refaire, même en pensée, les voyages d'Ulysse à travers la Méditerranée ? Dédaigner la philologie et l'érudition, c'est encore une fois faire paraître un cruel défaut d'imagination. Et, certes, je ne dis pas cela pour M. André Beaunier, qui nous a montré dans ses *Amies de Chateaubriand* ou dans son *Joubert* qu'on en peut tirer les livres les plus charmants, mais pour réagir, s'il se peut, contre un lieu commun dont on use vraiment avec un peu d'abus : car c'est merveille combien, dans les gazettes, on méprise à l'ordinaire ce qu'on y nomme les « querelles d'érudits », et d'autant plus, d'ailleurs, que les rédacteurs sont moins célèbres et les revues moins connues.

M. Ch.-V. Langlois (je crois) constatait un jour que, historiquement, l'existence du diable est mieux établie que celle de Pisistrate. Il avait raison : nous ne devons pas oublier que l'histoire est une « petite science conjecturale » et que ses conclusions les plus rigoureuses ne sont jamais que des hypothèses très vraisemblables. On démontre une proposition arithmétique, mais, en faveur d'une thèse historique, on plaide…

Or, dans un long plaidoyer on rencontre presque nécessairement des arguments qui ne semblent rien moins que péremptoires à côté d'autres arguments qu'on trouve meilleurs, alors même qu'on ne les estime pas convaincants. Il arrive encore qu'on trouve la plaidoirie tout entière mal faite. L'avocat adverse profite de ces faiblesses aussi adroitement qu'il peut. Mais le juge ne juge pas la plaidoirie ; il juge la cause ; aussi s'applique-t-il seulement à apprécier la valeur des arguments, à écarter ceux qui lui semblent faibles et à retenir ceux qui lui paraissent les plus forts pour les peser, les confronter avec les raisons contraires et saisir, s'il se peut, la vérité.

Certes, il est un peu lourd de se poser en juge quand ou est critique. La critique littéraire entendue comme il faut n'est, il me semble, qu'un genre comme la poésie ou le roman, et celui peut-être où il est le plus difficile d'exceller, puisque les grands critiques ont toujours été beaucoup plus rares que les grands poètes ou les grands romanciers... M. Beaunier a beaucoup trop d'esprit pour se piquer de juger les œuvres et les hommes *ex cathedra* ; pourtant, lorsqu'il s'agit de décider si M. Abel Lefranc a gagné ou non le procès qu'il fait à Shakespeare, il lui faut bien s'ériger pour le moins en arbitre ; et en ce cas pourquoi, au lieu de s'attacher presque uniquement à dire ce que valent selon lui les arguments de M. Lefranc, s'attache-t-il tant à blâmer la façon dont ceux-ci sont exprimés ?

Quand même *Sous le masque de Shakespeare* serait (et il ne l'est pas) un livre composé d'une façon pitoyable, écrit en dépit du bon sens, « extrêmement pétulant et criard », beaucoup trop affirmatif, que sais-je ? — bref, quand il aurait tous les défauts que M. Beaunier lui reproche, la thèse qui s'y trouve exposée n'en pourrait pas moins être juste, et en somme c'est là le seul point intéressant.

Ainsi, je veux bien que M. Lefranc, qui a mis des « peut-être » et des « probablement » dans son exposé partout où il en fallait honnêtement mettre, ait donné une forme trop catégorique à ses conclusions ; mais qu'est-ce que cela fait, en somme ? La vérité historique n'est jamais qu'une forte probabilité, et ce qu'on appelle résoudre un problème du passé, c'est seulement mettre de son côté le maximum de chances de vérité. Si M. Lefranc eût conclu que Stanley est *très vraisemblablement* et que Shakespeare n'est *très vraisemblablement* pas l'auteur de *Roméo et Juliette*, des *Joyeuses commères de Windsor*, d'*Hamlet*, de la *Tempête*, est-ce que cela ferait au fond une grande différence ?

Il paraît que oui, puisque M. Beaunier reproche si rudement à son adversaire d'avoir négligé les précautions oratoires. Ah ! comme il est sévère, cet André Beaunier !... Mais venons à sa discussion.

Selon les adversaires de Shakespeare, celui-ci n'a pu écrire son œuvre parce qu'il était (c'est M. André Beaunier qui parle) « un ignorant, un homme grossier, fils d'un boucher, boucher lui-même et puis valet d'acteurs ». On répondrait à M. Lefranc (continue le critique) : « Non, ce Shakespeare n'était pas si grossier, puisqu'il a composé ce théâtre fameux et beau. » — Autrement dit : Je ne crois pas que Shakespeare n'ait pas pu composer son théâtre parce que je crois que son théâtre est de lui. Et M. André Beaunier pourrait aussi bien écrire : Je ne crois pas qu'Ossian n'ait pas pu composer les poèmes publiés par Mac Pherson parce que je crois que ces poèmes sont de lui. C'est là un credo auquel il n'y a rien à répondre.

Pourtant, on ne vous dit pas si vaguement que l'acteur Shakespeare était trop ignorant et grossier pour écrire ses pièces : on vous fait observer (notamment) qu'il quitta Stratford en 1587 probablement ou au plus tôt en 1585 ; qu'il ne pouvait savoir à cette époque que ce qu'il avait appris dans son école de village, qui n'était pas des meilleures et où il était allé durant cinq ou six ans, moins de temps que les autres jeunes rustres ; qu'ensuite il devint valet d'acteurs ou quelque chose d'approchant ; que pourtant sa première pièce, composée au plus tard trois ou cinq ans après son départ de Stratford, est pleine d'allusions aux intrigues secrètes de la cour de Navarre, la deuxième tirée d'un poème espagnol dont la première traduction anglaise est de 1598, la troisième des *Ménechmes* de Plaute, traduits seulement en 1595 ; qu'au reste l'auteur des pièces shakespeariennes savait parfaitement le français, suffisamment le latin et l'espagnol, et l'italien, et la langue de la basoche. On vous allègue là des faits. « Rien n'est plus méprisable qu'un fait », disait un jour Royer-Collard. Discutez les faits relatifs à Shakespeare si vous les jugez mal établis. Mais, vraiment, ne croyez pas les réfuter en bloc par un acte de foi, car croire en Shakespeare ne nous est pas commandé par l'Église.

M. Lefranc a écrit que « sur toute la formation de Shakespeare » et sur sa vie de comédien nous ne savons rien ou peu s'en faut ; que sa « vie morale et intellectuelle nous échappe totalement », et d'autres choses de ce genre ; et pourtant il dit ailleurs que l'œuvre shakespearienne « ne concorde pas avec la personnalité ni avec le caractère de Shakespeare tels que les données biographiques permettent de les concevoir ». Quelles contradictions ! s'écrie André Beaunier. — En effet, la plaidoirie n'est point parfaite, j'en tombe d'accord ; mais ce n'est point la plaidoirie qui m'intéresse, c'est la thèse qu'elle soutient ; et est-ce que l'on ne comprend point par le contexte ce qu'il veut dire, ce M. Lefranc ?

À un endroit, il veut faire ressortir que nous n'avons aucun renseignement contemporain sur le caractère, les mœurs, la conversation, l'aspect physique, bref la personnalité de celui qui a signé ce théâtre admirable. C'est un fait surprenant : ce comédien-auteur, d'une intelligence, d'une imagination, d'une verve éblouissantes, capable d'écrire au courant de la plume trente-sept chefs-d'œuvre en vingt ans, et qui, en même temps qu'il fut ce poète, fut un acteur, un directeur et un remarquable homme d'affaires, il était si peu intéressant, si terne, que, bien qu'il fut très connu, ses contemporains n'ont pas pris à lui le moindre intérêt. Car il y a bien quelques louanges de son style, telles qu'un écrivain peut en décerner à un autre écrivain qu'il ne connaît pas ; mais, encore un coup, il n'y a pas de renseignements sur sa personne physique ou morale. Seul, Ben Jonson dit quelques mots de son caractère (j'en parlerai plus loin). Et beaucoup de gens se sont étonnés de cela avant M. Lefranc.

Pourtant nous avons d'autre part des documents d'archives sur l'acteur Shakespeare : nous connaissons sa vie, nous savons qu'il était villageois ignorant, histrion, bon manager, usurier ; que cet homme d'argent ne prit jamais le moindre intérêt à la publication que des pirates faisaient de ses pièces à son détriment ; que cet artiste les laissa paraître tronquées, défigurées par des additions considérables et absurdes sans s'émouvoir ; que, dès qu'il le put, il « réalisa le rêve de toute sa vie[3] » en cessant d'écrire et en se retirant dans sa bourgade natale, où il vécut en paysan parvenu, âpre au gain, aimant le piot et son ami l'usurier Dix-pour-Cent ; qu'à sa mort il ne possédait pas un seul livre ; que ses deux filles ne savaient pas écrire, etc. ; et cela nous étonne, et il semble à M. Lefranc que l'œuvre ne concorde pas bien « avec la personnalité ni avec le caractère de Shakespeare tels que les données biographiques permettent de les concevoir ». Vous avez raison : ce passage, sous cette forme, et isolé du contexte, paraît bien contredire ceux que vous avez cités précédemment. Et encore, lorsque, après avoir expliqué que Stanley dissimula son génie avec le plus grand soin, M. Lefranc se demande si le noble comte n'a pas choisi exprès pour prête-nom un homme qui notoirement fût incapable d'avoir composé l'œuvre, il n'est pas très conséquent, et j'aime que vous le compariez (de la façon la plus flatteuse) à la *vergognosa* de Pise... Cependant M. Beaunier lui-même, est-ce qu'il n'a pas écrit (p. 706) que, parmi les contemporains de Stanley, « aucun n'a découvert la noble fraude » ? Puis, quelques lignes plus bas, que cette même fraude, ce secret, « seuls de très malins conspirateurs l'ont un peu découvert » ? Contradiction, contradiction !... Ah ! ne soyons pas si sévères ! Certes, les contradictions de M. Lefranc sont plus graves que ce lapsus. Mais il n'y a pas grand intérêt, quant au fond de l'affaire, à opposer quelques phrases malheureuses cueillies çà et là dans un livre touffu. Laissons la forme ; voyons seulement les faits et les déductions immédiates qu'on en peut tirer. Si vous jugez que les premiers sont mal établis et les secondes mal faites, c'est cela seulement qui importe.

⁂

Et maintenant M. Beaunier répond avec un grand soin à des arguments très faibles. Je pense comme lui que l'anecdote de Burbage, non, il vaut mieux ne pas la prendre au tragique ni s'abandonner à aucune considération au sujet des portraits et de l'écriture de William Shakespeare. Je me suis gardé de rien dire de tout cela en résumant plus haut la thèse des partisans de William Stanley. Quant au témoignage de Robert Greene, il n'y a pas de doute : il établit que William Shakespeare était au moins capable de « gonfler un vers blanc ». Et, quand M. Célestin Demblon prétend démontrer que Shakespeare ne savait pas écrire, je trouve cela d'une fantaisie exagérée, puisque M. Célestin Demblon donne lui-même la preuve du contraire... J'admets volontiers que William Shakespeare a pu adapter, mettre au point pour la scène les pièces de Stanley dont certaines étaient injouables. Il me semble seulement qu'il ne savait pas ce qu'il fallait savoir et qu'il n'était pas ce qu'il fallait être pour les écrire.

Remarquez d'ailleurs qu'il ne nous est pas nécessaire, à nous, de prouver que Shakespeare ne peut absolument pas être l'auteur de l'œuvre qui lui est attribuée. Si nous montrons seulement qu'il y a quelque doute, c'est assez. Les orthodoxes de la foi shakespearienne ne peuvent pas admettre le moindre doute. Mais nous ne sommes que des hérétiques : un *peut-être* suffit pour justifier nos recherches.

... Et nous voilà arrivés aux deux tiers de l'article de M. André Beaunier et nous n'avons pas vu la moitié du premier volume de M. Lefranc : comme impatienté, le critique passe à toute allure sur le reste de l'ouvrage. Ah ! certes, il n'est pas tenu d'en examiner un à un les arguments : il y faudrait trop de place ; mais j'aurais aimé de savoir ce qu'il peut répondre à quelques-uns d'entre eux qui me paraissent bons et ingénieux, comme les identifications de *Peines d'amour perdues*, qui dénotent que l'auteur avait une si curieuse connaissance de la cour de Navarre, et les remarques tirées du *Songe d'une nuit d'été*. M. Lefranc a eu un tort : son tome I a paru au début de décembre 1918, son tome II vers le 15 janvier 1919 seulement, si bien que c'est surtout le premier que les critiques ont eu le temps d'étudier ; or, ces notes, que je goûte, sont dans le second : je n'ai pas de chance.

Nous savons par le témoignage d'un agent secret que William Stanley composait des pièces pour le théâtre avec une telle passion qu'il ne prenait aucun souci des affaires publiques ni de sa propre carrière politique, et M. Beaunier reconnaît que « ce n'est pas rien du tout ». Mais nous savons aussi que Spenser, ami des Derby, rangeait Stanley parmi les mécènes et les écrivains de l'aristocratie contemporaine, et M. Beaunier ne parle pas de cela.

M. Lefranc remarque que la censure ecclésiastique n'a pas condamné les sonnets, bien que fort vifs ; cela l'étonne : cela peut s'expliquer, pense-t-il, parce qu'il « s'agissait d'un *scholar* appartenant à l'une des plus grandes familles d'Angleterre ». Alors André Beaunier se demande si M. Lefranc plaisante — car André Beaunier n'a jamais entendu dire que la justice puisse être différente selon qu'elle s'adresse aux grands ou aux petits.

Le roi Jacques poursuivait la sorcellerie et l'occultisme avec la dernière rigueur ; il avait même composé de sa main un livre contre la démonologie. Or, la *Tempête* est une apologie de la magie. Il est surprenant que Shakespeare, tel qu'on nous le représente, c'est-à-dire regardant sa profession comme un pur métier de bon rapport, ait couru ce risque inutile, et non moins surprenant que l'autorité n'ait rien dit ; mais c'est moins surprenant si l'auteur était un artiste et un très grand seigneur. À quoi M. Beaunier réplique que l'opinion publique ignorait que la pièce fût du comte Derby, et que, l'eût-elle su, elle n'aurait pas toléré davantage l'éloge des sciences occultes. Mais il ne s'agit pas de l'opinion publique : il s'agit de l'autorité. Et, d'ailleurs, où M. Beaunier prend-il que l'opinion publique était défavorable à la magie ? Jamais les sciences défendues n'ont eu plus de succès qu'à cette époque.

Laissons le Danemark : il n'est pas insulté dans *Hamlet*. Laissons l' « hommage rendu à la reine Élisabeth » dans le *Songe d'une nuit d'été* : il n'est pas si hardi. — Mais M. André Beaunier ne conteste pas que la dédicace des poèmes à lord Southampton soit familière ; il dit : « Ce qui est surprenant, c'est que, *pour écrire en vieil ami au comte de Southampton*, le comte de Derby prenne le nom d'un vil acteur… » M. Beaunier ne plaisante pas.

La comédie des *Joyeuses commères de Windsor* contient des « allusions au chapitre de la Jarretière et aux cérémonies de la réception des nouveaux chevaliers ». Cela n'est pas niable ni nié. M. André Beaunier n'est pas persuadé que la pièce soit le « remerciement d'un chevalier nouvellement promu ». Mettons seulement qu'elle a été composée à l'occasion d'une cérémonie de la Jarretière. Le sixième comte de Derby reçut la Jarretière en 1601. Or, dit le critique, on ne croit plus que la comédie des *Joyeuses commères* ait été composée en 1601 : « M. Lefranc le croit encore, afin de placer à la même année le cadeau et le remerciement. » Mais non ! On le croit parce que, si des commentateurs reportent à 1598 la composition des *Joyeuses commères*, c'est afin de la rapprocher de *Henri IV*, où figurent déjà Sir John FalstafF et Mrs Quickly : telle est leur seule raison. Elle est faible : les personnages n'ont ni le même âge ni le même caractère dans les deux pièces ; et la première édition des *Joyeuses commères* est de 1602 seulement… — « Et, son remerciement, le nouveau chevalier le signe du nom d'un rustre ! » — Mais si ce n'est pas un remerciement ?

On sent bien que, au fond, c'est le principe même de la thèse qui paraît impossible à M. Beaunier, et qui l'irrite. Comment croire que les contemporains et la postérité se soient laissé tromper par une mystification de ce genre ? Mais supposez qu'il ne s'agisse pas d'une œuvre admirable : vous l'admettriez plus aisément. Or, ce n'est qu'au XVIIIe siècle que Shakespeare a été classé parmi les hommes de génie. Son temps le regardait comme un auteur de divertissements sans importance, et, s'il n'avait pas fait les sonnets « sucrés », il aurait été à peine rangé parmi les artistes. Qui aurait songé à l'égaler à Jonson, à Spenser, à Beaumont, à Drayton ? Wither en 1613, William Browne en 1616, Pacham en 1622, nommant les écrivains de leur temps, l'omettent. Le *Daïphantus* en 1604 oppose l'art d'un Sidney à la vulgarité de l' « ami Shakespeare ». Jonson le trouve « sans art », Webster le classe au second plan, à côté de Dekker et Heywood. Les éditeurs qui réunirent pour la première fois ses œuvres en 1623 s'excusent presque de réimprimer « ces bagatelles », et ils tirèrent leur volume à 250 exemplaires, croit-on. On lit, en marge de celui que conserve notre Bibliothèque nationale, les jugements qu'y inscrivit un des premiers lecteurs : il déclare beaucoup de pièces « indifférentes » ; celle des *Joyeuses commères* « bonne » ; le *Songe* et la *Mégère apprivoisée* sont « assez bonnes » ; la *Tempête* « meilleure dans Dryden »… Quand on songe à cela, on conçoit mieux que le comte de Derby ait pu ne pas revendiquer son œuvre.

✳

Il y a plaisir à répondre à M. André Beaunier. Il est sévère, trop sévère pour le livre, mais il en discute avec attention, tout au moins partiellement, l'argumentation. Mme la comtesse de Chantbrun, née Longworth, qui n'est pas moins sévère, la dédaigne, et cela fait une grande différence[4].

Non que l'on doive dédaigner le dédain de Mme de Chambrun : cette dame a composé jadis des études sur Shakespeare. En sorte que l'on pourrait lire avec intérêt les raisons qu'elle aurait à opposer à celles de M. Lefranc. Malheureusement, si elle connaît bien Shakespeare, tout donne à penser qu'elle connaît mal M. Lefranc ou plutôt son livre, et, comme justement elle entreprend de le contredire, cela ne laisse pas de nuire à son argumentation… Puis, de quel droit aussi Mme de Chambrun, née Longworth, tranche-t-elle sur ce ton définitif et magistral ?

Écoutez-la. La thèse de M. Lefranc, affirme-t-elle, n'est qu'une « compilation de tous les arguments qui ont déjà servi à d'autres » ; elle ne « se différencie » que fort peu de celle des critiques qui ont admis que le véritable auteur des œuvres shakespeariennes est Bacon, Rutland ou quelque *tertium*

quid. — Pourtant, je ne crois pas m'avancer beaucoup en disant qu'en dehors du quart du premier volume, consacré à établir du mieux possible que
l'acteur Shakespeare ne saurait être l'auteur de l'œuvre publiée sous son nom,
il n'est pas, pour ainsi dire, un seul argument dans l'ouvrage de M. Lefranc
qu'ait pu utiliser un de ses prédécesseurs, et pour cette raison péremptoire
que son dessein est différent, voire opposé : comment les mêmes considérations pourraient-elles servir à montrer que l'auteur des pièces shakespeariennes est Bacon, Rutland, un *tertium quid* ou lord Derby ?

Il suffit au reste d'ouvrir le livre pour s'en convaincre. Mme de Chambrun
l'a ouvert et même étudié, puisqu'elle le discute, et pourtant elle déclare que
c'est par « pure intuition » que M. Lefranc désigne William Stanley — en
650 pages… Ah ! comme elle exagère ! Elle ajoute que le professeur au Collège de France « feint d'ignorer » une « masse de documents » (masse mystérieuse) ; qu'il s'est « uniquement documenté dans des plaidoiries de parti
pris » ; que, « pour relever ses inexactitudes, il faudrait écrire autant de pages
qu'en contient son livre »… que sais-je ? Et tout cela est vague — mal-
veillant, mais vague. Il n'y a pas de pire danger pour l'historien que le vague
et la malveillance. Ne nous y laissons pas entraîner : contentons-nous d'examiner ce qui, dans les dires de Mme de Chambrun, l'est moins.

Voici. D'abord M. Lefranc « consacre la première partie de son livre à la
négation pure et simple du génie ». Parfaitement. Et pourquoi ? Parce qu'il
trouve étonnant qu'un « valet d'acteurs », ou en tout cas (car ce n'est là
qu'une « tradition ») un pauvre hère gagnant sa vie à de très humbles be-
sognes, mais qui nécessairement lui prenaient du temps, ait pu en trois ou
cinq ans apprendre tout ce qu'il fallait savoir pour composer les premières
pièces de Shakespeare ! Il eût été étudiant, disposant d'abondants loisirs, que
ce serait déjà peu croyable. Il paraît que c'est nier le génie que de dire cela.

Voyez pourtant à quelles hypothèses aventureuses on est réduit pour expliquer que Shakespeare ait marqué dès ses débuts tant de connaissances va-
riées. Génial, mais débarquant de son village, il paraît subitement latiniste.
— Rien d'étonnant, explique Mme de Chambrun : ne le trouvons-nous pas
lié (quelques années plus tard) avec le lettré lord Southampton ? — Il
connaît la littérature italienne, la littérature espagnole et (non pas mal, mais
bien) le français. — Rien d'étonnant : ne le voyons-nous pas en rapport
(mais plus tard aussi) avec Florio ? — Il est parfaitement au courant des in-

trigues amoureuses, des petites histoires de la cour du roi Henri et de la reine Margot à Nérac. — Rien d'étonnant : ne connaissait-il pas lord Southampton, lequel connaissait Essex, lequel avait peut-être rencontré à Noyon (bien après la composition de *Peines Famour perdues*) le maréchal Biron, lequel ne pouvait manquer de se souvenir des petits événements qui s'étaient passés à la cour de Navarre quinze à vingt ans plus tôt ?... Mais j'y songe : c'est bien, sauf erreur, M. Abel Lefranc qui a découvert que *Peines d'amour perdues* était une pièce pleine d'allusions à la cour de Nérac ; alors il n'a pas recueilli tous ses arguments dans les ouvrages de ses prédécesseurs, ce professeur, décidément ?

Au fond, il faut une étonnante ingéniosité pour expliquer comment Shakespeare peut être l'auteur du théâtre. Mais faut-il donc également si peu de critique ? À part Mme de Chambrun, aucun historien ne saurait ignorer avec décence, à cette heure, que les signatures de Shakespeare sur l'*Ovide* de Bodleian, le *Montaigne* du British Museum et le *Plutarque* de Greenwich sont fausses. Si elle veut s'en convaincre, qu'elle parcoure seulement l'étude de Sir E. M. Thompson dans *Shakespeare's England* ; c'est un ouvrage de vulgarisation fort accessible.

On ne peut pas tout savoir. Pourtant, il ne faut pas traduire « common players » par « troupe ambulante ». M. Lefranc a traduit « common players » par « acteurs professionnels ». Il aurait mieux fait de dire : « Acteurs publics. » Mais, au fond, c'est la même chose. Et il ne faut pas, à cause de cela, accuser cet infortuné professeur d'une noirceur diabolique comme celle de « sembler ignorer » pour la commodité de sa démonstration que « le texte *common players* s'applique aux troupes ambulantes et non pas à une compagnie particulière constituée sous l'égide d'un grand seigneur ». Car toutes les troupes d'acteurs étaient alors ambulantes et il n'en était pas une seule qui n'appartînt à un grand seigneur, vu que la loi le voulait ainsi.

M. Jusserand s'étonne que le nom de Shakespeare ne se rencontre pas une seule fois dans les innombrables pièces liminaires que les poètes demandaient à leurs amis lorsqu'ils risquaient la publication d'un livre ; il y a de quoi. Et comment ne pas être surpris également de ce que les deux poèmes de Shakespeare aient paru sans le moindre sonnet introductif ? Le décès de Jonson suscita trente-trois éloges funèbres ; celui de Shakespeare ne suscita rien... Ah ! si ! comme dit Mme de Chambrun, il fut « pleuré six fois », sept ans après sa mort, dans l'édition posthume qu'on donna de ses œuvres en 1623. À quoi l'on voit que rien n'est nouveau sous le soleil et que les éditeurs, déjà, connaissaient la réclame… Quant à l'histoire du prétendu filleul de Shakespeare, d'Avenant, et de sa poésie, à onze ans, Mme de Chambrun veut rire, je crois.

Venons à Ben Jonson. Beaucoup de gens se sont étonnés que nul contemporain ne nous ait parlé de la personnalité de Shakespeare, et cela est surprenant en effet. Mais ici Mme de Chambrun proteste : elle a découvert les *Discoveries* de Jonson (que citent depuis bien longtemps toutes les biographies de Shakespeare sans exception). C'est un ouvrage traduit plus ou moins littéralement du grec et du latin, le dernier de Jonson, posthume, et où il a, comme on dit, versé ses fonds de tiroirs. On y lit ce témoignage :

J'aimais l'homme et suis aussi dévoué à sa mémoire que quiconque et il était en effet honnête, d'une nature libre et ouverte ; il avait une imagination excellente, des inventions heureuses, des expressions polies, une facilité si grande qu'il avait besoin d'être réfréné…

Voilà les premiers renseignements que nous ayons. Ils sont intéressants ; malheureusement, ils ne sont pas contemporains de celui que Mme de Chambrun appelle l' « homme Shakespeare » : ils sont postérieurs de vingt ans environ à sa mort. Les *Discoveries* datent en effet des toutes dernières années de Jonson et n'ont été publiées, après sa mort, qu'en 1641-1642, on ne sait dans quelles conditions (voir là-dessus les travaux de M. Maurice Castelain). Et puis ce n'est pas tout ce que nous dit Jonson : il nous dit encore que Shakespeare « n'effaçait jamais une ligne » lorsqu'il écrivait. C'est là une affirmation singulière : quelque facilité qu'on lui accorde, il est impossible de croire que l'auteur d'*Hamlet* ait pu composer ses trente-sept pièces d'un seul jet, sans une reprise. L'affirmation de Jonson est pourtant toujours prise à la lettre, et voici pourquoi : les auteurs de la première édition des œuvres, qui parut en 1623 in-folio, déclarent qu'il ne se trouve « à peu près aucune rature » sur les manuscrits qu'ils ont entre les mains. Pour peu croyable que ce soit, il n'existe pas encore d'étude véritablement critique et scientifique des textes de Shakespeare. Mais on s'accorde à reconnaître que la compilation des éditeurs de 1623 a été faite d'après les copies que possédait la troupe, car les rédactions qu'ils publient sont souvent « moins bonnes que celles des petites éditions isolées publiées antérieurement d'après des manuscrits plus anciens ». C'est-à-dire que ce que les éditeurs de 1623 prenaient ou affectaient de prendre pour des autographes de Shakespeare n'étaient que des copies de théâtre. Jonson a participé à l'édition in-folio. Il paraît donc à peu près certain que, lorsqu'il parlait vers la fin de sa vie des manuscrits de Shakespeare, c'était à ces mêmes copies de théâtre qu'il songeait. Et cette confusion ne fait pas grand honneur à son sens critique. Il est plus que douteux que Jonson ait été réellement lié avec Shakespeare. Mais il faudrait reprendre de près l'histoire de leurs rapports.

J'arrive aux poèmes. Mme de Chambrun trouve que les deux dédicaces de *Vénus et Adonis* (1593) et de *Lucrèce* (1594) marquent une extrême modestie. — En effet, mais une certaine familiarité aussi. Qu'on veuille bien les comparer à d'autres dédicaces adressées par des gens de lettres de cette époque à de grands seigneurs — à celle de l'édition in-folio de 1623 par exemple — et l'on se demandera par quel miracle un auteur encore peu connu, et pis : un simple acteur, aurait pu écrire publiquement au comte de Southampton sur un ton à ce point dénué d'humilité. Ce serait vraiment une grande erreur que de s'imaginer qu'au temps d'Élisabeth les histrions jouissaient dans le monde de la considération qu'ils y ont aujourd'hui.

Quant aux énigmatiques *Shake-Speares Sonnets*, ils sont, dit Mme de Chambrun, « la clef avec laquelle le poète nous a ouvert son cœur ». Hélas ! la serrure est bien embrouillée, car sait-on par combien de systèmes on a tenté de les expliquer jusqu'à présent, ces sonnets ? Environ soixante-dix, sauf erreur. Aussi ai-je été enchanté de voir que M. Lefranc s'est abstenu d'en ajouter un soixante et onzième et qu'il les a laissés de côté avec une prudence louable. Quant aux considérations sur le jeune lord, la dame brune et mariée et Mary Fitton, personne blonde et célibataire, dois-je l'avouer ? elles me rappellent fâcheusement celles où excellent les tireuses de cartes. Ne prenons pas trop au sérieux la graphologie, je le veux bien, mais défions-nous du « grand jeu ».

Mme de Chambrun assure que les *Sonnets* sont adressés, comme *Vénus et Adonis*, comme *Lucrèce*, à lord Southampton. Elle oublie d'indiquer que ce n'est là qu'une hypothèse. Au juste, le livre est dédié à *Mr W. H.* On admet le plus souvent que ce *Mr W. H.* (et non H. W.) n'est autre que *lord Henry Wriothesley*, comte de Southampton. C'est une supposition vraisemblable. Mais on en a fait d'autres qui ne le sont pas beaucoup moins. Car, à prendre à la lettre les derniers vers du sonnet 25, par exemple, l'auteur félicite celui à qui il s'adresse de n'être pas plus que lui-même d'une condition brillante[5]. Il semble d'ailleurs que le recueil ait paru sans aucune participation de l'auteur. Pourquoi ? Ah ! c'est une question mystérieuse que celle des *Sonnets*.

Le poète s'adresse à un jeune homme qu'il appelle *lord* (seigneur) *de son amour* et qu'il aime, en effet, d'une curieuse passion ; mais tenons compte de l'exagération euphuiste. Mme de Chambrun signale d'abord le passage que voici : « Mon attachement, dit le poète, est si grand qu'un pauvre esprit comme le mien peut le faire paraître nu, manquant de mots pour le parer. Mais j'espère qu'une pensée charitable en vêtira la nudité jusqu'au jour où l'étoile inconnue qui guide ma marche jettera sur moi quelque beau rayon et habillera mon amour en guenilles de façon à le rendre digne de tes bontés. Alors, j'oserai te dire hautement combien je t'aime… » Quelle humilité ! s'écrie Mme de Chambrun. — Pourtant vous entendez bien qu'il n'est pas là question d'argent, n'est-ce pas ? Alors où voyez-vous rien qui dénote un histrion ? Ce sont façons de langage euphuistes.

L'exemple est assez mal choisi. Mais je m'empresse de reconnaître qu'en plusieurs autres sonnets l'auteur se donne comme un homme de petite condition. — Et comment cela pourra-t-il jamais démontrer qu'il n'est point William Stauley, sixième comte de Derby, puisque William Stanley se cachait sous le masque de Shakespeare ? — Mais poursuivons les extraits faits par Mme de Chambrun. Sonnet 36 :

Je dois désormais cesser de te reconnaître de peur que mon infamie pleurée ne te fasse honte.
Et tu ne peux plus m'honorer d'une attention publique sans retirer cet honneur à ton nom.

Ne fais pas cela ! Je t'aime de telle sorte que, comme tu es à moi, à moi est ta réputation.

Puis dans les sonnets 110 et 111 :

Hélas ! c'est vrai : je suis allé de côté et d'autre et je me suis travesti en bouffon…

Oh ! grondez à mon sujet la Fortune…, qui ne m'a laissé d'autre ressource que la ressource publique qui nourrit ma vie publique !

C'est là ce qui fait que le stigmate est sur mon nom et que ma nature est presque toujours marquée du métier qu'elle fait, comme la main du teinturier…

Le volume contient 154 pièces. Si l'on cueillait ainsi pour les prendre à la lettre quelques vers de Musset ou de Hugo, on en tirerait de curieuses conclusions sur la vie de leurs auteurs. Mais admettons avec Mme de Chambrun que l'auteur des sonnets 36, 110 et 111 se donne pour acteur. Quel argument en pourrait-on tirer contre la thèse que je défends ? Il va de soi en effet que, du moment que William Stanley voulait passer pour William Shakespeare, il devait parler comme William Shakespeare et non pas comme William Stanley. Du moins, il me semble…

Reste le sonnet 78. Mme de Chambrun se demande « comment Stanley, universitaire pourvu d'un précepteur lettré avec lequel il voyage longuement sur le continent, aurait pu dire au jeune Mécène dans le sonnet 78 » :

> Je t'ai si souvent invoqué pour ma muse et tu as donné à mes vers une aide si éclatante que toutes les autres plumes, d'après mon exemple, répandent leur poésie sous ton patronage.
>
> Tes yeux, qui ont appris à un muet à chanter jusqu'au ciel et à la lourde ignorance à voler dans les airs, ont ajouté des plumes à l'aile de la science et donné au talent une double majesté.
>
> Toutefois sois fier surtout de mon œuvre, car elle est due à ton influence et née de toi. Dans les travaux des autres, tu ne fais qu'améliorer le style.
>
> Et embellir leur art de tes grâces suaves. Mais tu es tout mon art à moi et tu grandis jusqu'à la science mon ignorance grossière.

Franchement, pensez-vous que celui qui a écrit ces vers ne peut absolument pas avoir été un « universitaire pourvu d'un précepteur lettré dans sa jeunesse » ? Et ne pensez-vous pas enfin que Mme la comtesse de Chambrun va un peu loin aussi quand elle s'étonne que William Stanley ait cessé d'écrire « juste au moment où William Shakespeare cessait de vivre » ? Ah ! ce serait surprenant en effet !… Mais c'est purement et simplement inexact. Que Mme de Chambrun veuille bien ouvrir une biographie de Shakespeare, n'importe laquelle : elle y trouvera, à côté du texte de Jonson et des sonnets qu'elle nous… révèle, que Shakespeare posa sa plume et renonça pour toujours à la littérature un bon nombre d'années avant sa propre mort, si bien qu'il est assez difficile de déterminer si c'est Stanley qui cessa d'écrire en même temps que Shakespeare, ou Shakespeare eu même temps que Stanley, réellement… Et, quand on est forcé d'admettre que l'auteur de la *Tempête* a pu quitter en 1611 son génie de poète comme on abandonne un emploi de chef de bureau pour vivre au milieu d'illettrés, sans un livre dans sa maison, quand on est forcé d'admettre une pareille énormité, il semble illogique de ne pas accepter que lord Derby, que nous voyons vers le même temps renoncer peu à peu, comme un sage, à ses charges et à une partie de sa fortune pour se retirer dans sa ville favorite de Chester, ait pu dire adieu au théâtre, comme fit après lui un autre grand poète qui s'appelait Racine.

Voilà ce qu'on peut essayer de répondre aux adversaires de William Stanley. Mais il me semble bien que leurs principales objections sont des raisons de sentiment.

Une pareille erreur de plusieurs siècles sur une œuvre si sublime, cela paraît invraisemblable en effet. Je crois que s'il s'agissait d'un poète sans génie, on trouverait l'erreur moins choquante. Et pourtant elle le serait tout autant. — Quoi ! il se serait trouvé un homme qui, ayant composé l'œuvre de Shakespeare, n'en aurait pas même revendiqué la gloire ? — Mais ce n'est guère qu'au xviiie siècle, je le répète, que le génie de l'auteur d'*Hamlet* a été reconnu. Aux yeux de ses contemporains, il n'a été qu'un amuseur : seuls, les *Sonnets* passaient pour une véritable œuvre d'art ; encore ne suffirent-ils pas à placer leur auteur au premier rang. Et cela fait sentir comment lord Derby a pu ne pas réclamer la paternité qui lui revenait.

C'était un original, ce sixième comte de Derby, et le peu qu'on sait encore de lui porte à croire que sa biographie serait le sujet d'un curieux livre. Ah ! comme l'œuvre shakespearienne s'explique mieux si l'on admet que Stanley en a été l'auteur ! Lettré, voyageur, amateur de théâtre, ayant étudié le droit, parlant à merveille le français, passionnément musicien, tel que les documents nous le révèlent, il n'avait pas d'ambition politique. Pourquoi ? Parce qu'il était tout adonné à la composition de mystérieuses pièces de théâtre, nous disent les deux lettres de Fenner. Lui seul a pu écrire *Peines d'amour perdues*. Et quelles crises intérieures ces mêmes documents permettent de soupçonner chez lui ! À partir de la mort de son frère, il règne une atmosphère tragique chez les Derby. William Stanley connut des heures d'angoisse : il fut sourdement accusé d'empoisonnement ; il eut de cruels démêlés familiaux et sa violence envers sa femme, les scènes de jalousie que vit le château de Knowsley, puis sa retraite à Chester (sa ville de prédilection, qui tient une place remarquable dans les pièces shakespeariennes), tout cela donne à penser. Son entourage le trouvait bizarre, fantasque : on ne le comprenait pas. C'était certainement un homme qui avait, comme on dit, de la vie intérieure.

Mais pourquoi aurait-il écrit sous le nom de Shakespeare ? — J'ai dit plus haut ce que je crois… Ne jugeons pas le passé d'après nos idées modernes. L'époque d'Élisabeth fut une époque d'étonnante fécondité littéraire, mais elle n'attachait pas aux livres l'importance que nous leur donnons. Tout le monde écrivait : c'était la mode ; il était de « bon ton » (comme nous dirions) de ne pas publier ou tout au moins de signer de pseudonymes. Combien de seigneurs — comme lord Oxford, le propre beau-frère de William Stanley, qui fut un dramaturge excellent et dont pas une ligne ne nous est connue — ont inscrit, selon l'expression de Greene (qui fut familier des Derby), le nom « d'un autre Batillus » en tête de leurs vers !… Qui sait maintenant si le comte d'Oxford n'était pas un homme de génie ? Encore un coup, personne, à cette époque, ne considérait comme un écrivain admirable l'auteur du *Songe* et d'*Hamlet*.

Lorsque Shakespeare abandonna sa bourgade natale, ce fut, dit-on, pour suivre la troupe du comte de Leicester, qui, en quittant Stratford, s'en fut directement chez les Derby, à Lathom House. Là, ces comédiens plurent, puisque, leur protecteur étant mort sur ces entrefaites, ils furent adoptés par le frère aîné de William Stanley. Et ainsi ce dernier fit la connaissance du jeune Shakespeare. Que se passa-t-il entre eux ? On ne le saura jamais. Peut-être le lord eut-il l'idée de mettre par jeu sous le nom du jeune villageois, naïvement passionné de théâtre, quelque pièce de lui. Et alors on imagine… Non, ne m'apprenez pas qu'il y aurait à écrire sur ce thème une nouvelle dans le goût du *Capitaine Fracasse* : je le sais.

Les contemporains n'ont fait aucune allusion à cette situation peu ordinaire. — Et s'ils l'ignoraient ? — Mais, réplique M. André Beaunier, l'ignoraient-ils, décidément, ou non ? Vous n'êtes pas fort net sur ce point. — Et comment l'être ? Nous sommes ici dans le domaine des pures hypothèses. On peut croire que le secret a été plus ou moins bien gardé… Et, si même quelques personnes ont su quelque chose du mystère, pourquoi voulez-vous absolument qu'elles l'aient publié ? Encore une fois, qu'un grand seigneur se divertît à écrire sous le nom d'un acteur des pièces qu'on jugeait sans grande importance, cela ne dut point paraître alors si étonnant que cela nous le semble à nous, qui trouvons ces pièces sublimes. Et, quand vous admettez qu'un homme comme celui qui, selon vous, les a écrites, un homme doué de cette imagination ailée, de cette poésie, de cette facilité, de ce génie verbal et ensemble de cette « intelligence pratique », a pu passer sa vie dans un milieu d'intellectuels et d'écrivains professionnels sans susciter la moindre curiosité, sans donner à un seul d'entre eux l'idée de parler de lui, de le décrire (sauf à Ben Jonson, et bien vaguement, et vingt ans après sa mort), non, vous ne devez pas trouver extraordinaire qu'il ne nous soit parvenu aucune allusion au secret de William Stanley ; le premier cas n'est pas plus surprenant que le second.

L'acteur Shakespeare ne fut pas illettré. J'admets volontiers qu'il a eu une certaine part de collaboration aux pièces ; certaines étaient injouables et paraissent avoir été remaniées : s'il a « mis au point » l'œuvre d'un amateur, est-ce que cela ne se fait pas couramment de nos jours ? Mais il n'a pas pu les écrire : tout y révèle une autre main. Et de très sérieux indices donnent à penser que cette main fut celle de William Stanley.

---

1. ↑ Voir la *Revue des Deux Mondes* du 1ᵉʳ février 1919.
2. ↑ Numéro du 16 mars 1919.
3. ↑ C'est l'expression d'un « stratfordien » convaincu, M. Jusserand.
4. ↑ Voir ses articles dans la *Revue*, 1ᵉʳ-15 février 1919 ; l'*Opinion*, 15 janvier 1919, et le *Journal des Débats* du 24 février 1919.
5. ↑ C'était l'avis d'Oscar Wilde, qui a raillé fort comiquement les trop subtils exégètes des sonnets. Il cite à l'appui de son opinion le sonnet 25, qui se termine ainsi : « Heureux suis-je donc, moi qui aime et qui suis aimé sans pouvoir infliger la disgrâce *ni la subir.* »